Einaudi Tascabili. Stile libero
705

Primo giorno di riprese. 21 settembre 1998.
© Pedro Almodóvar.

Pedro Almodóvar
Tutto su mia madre

Traduzione di Paolo Collo e Paola Tomasinelli

Einaudi

Dello stesso autore nel catalogo Einaudi

Parla con lei

Titolo originale: *Todo sobre mi madre*

Copione e testi © 1999 Pedro Almodóvar

Prologo © 1999 Guillermo Cabrera Infante

Progetto grafico © 1999 Oscar Mariné /Omb Madrid
Quotations from *Music for Chamaleons* by Truman Capote.
© 1979, used by permission of the Truman Capote Literary Trust,
Alan U. Schwartz Trustee.

A Streetcar Named Desire © 1947, 1953 by Tennessee Williams.
Renewed 1975, 1981 The University of the South. Published by New Directions.
Reprinted by permission of The University of the South, Sewanee, Tennessee.

Haciendo Lorca è un'opera di Lluis Pasqual su testi del poeta.
©Comunidad de Herederos de Federico García Lorca. Licenciada por la SGAE.

© 2000 Giulio Einaudi editore s.p.a., Torino

www.einaudi.it

ISBN 88-06-15527-X

Tutto su Almodóvar

di Guillermo Cabrera Infante

Tutto su mia madre è, in effetti, tutto su Almodóvar. È il film dell'artista adulto: personaggi trasformati in persone (quelli che portano la maschera) che insieme compongono il ritratto dell'autore e la sua ideologia abbozzata in *Kika* e in *Tacchi a spillo*. Se per ideologia s'intende, come vuole l'origine del concetto, una zoologia umana. Disse Pope che «lo studio appropriato dell'umanità è lo studio dell'uomo». Almodóvar corregge Pope nel dimostrare che lo studio dell'umanità inizia con la donna: Adamo vuole ciò che Eva possiede. In nessuno dei suoi film Almodóvar ha tanto focalizzato il suo universo concentrico sulla donna. Questa volta, gli uomini sono donne, e il catalizzatore di queste vite, Lola, in realtà è un transessuale: un uomo convertito in donna. Le donne vanno da un'infermiera, Manuela, a un'inferma, Rosa. Sono donne gravemente malate. Ma il male di Manuela, che è il dolore tremendo di aver perso l'unico figlio, si cura con il conforto. La malattia di Rosa, l'aids, è incurabile, mortale. Manuela passa di tragedia in tragedia cercando, senza saperlo, di superarle. Ritorna, da quella Madrid in cui era fuggita, a quella Barcellona da cui fuggí come un abile Proust. Non vuole ritrovare la nostalgia, ma dare una direzione alla propria vita senza senso e sperimentare ogni casualità come una casualità. È casuale che al suo arrivo ritrovi la sua vecchia amica, Agrado, che batte il marciapiede come una donna di vita e quasi di morte? Agrado è un transessuale che ancora conserva tra le gambe un ricordo della propria eterosessualità. Una nuova giovane amica, Rosa, è incinta, e lo sa, e condannata a morte, e non lo sa.

Ironicamente – il film è un costante gioco di ironie –, il padre del figlio di Manuela è lo stesso padre del nascituro di Rosa, Lola, che non vedremo se non nel finale rivelatore.

Tutto su mia madre è una versione tragica di *Girotondo*. Ma laddove Arthur Schnitzler usava la sifilide come *trait-d'union*, il copione come guida, il mal d'amore è ora l'aids. In una delle scene piú orribilmente belle del cinema, quando Manuela giunge a Barcellona, il suo taxi si ritrova accalappiato in una sorta di giostra depravata, dove i clienti in auto girano e rigirano intorno alle prostitute sulla strada. S'intuisce, è un girotondo di veri travestiti e transessuali, tutte donne di vita, di notte. Qui, la fotografia allucinante e la musica evocatrice, di questo paradiso perduto che è l'innocenza, valgono la pena – per non dire il pene. Che è il punto della questione: averlo o non averlo.

Come sempre, Almodóvar ci strizza un solo occhio, quello della telecamera. Il film comincia come un presagio: la ricerca di un donatore da parte di Manuela. La scena successiva vede insieme Manuela e suo figlio, che presto donerà il proprio cuore, mentre cenano davanti alla televisione, dove sta per iniziare *Eva contro Eva*. Il figlio sostiene che non è il titolo originale, che dovrebbe essere «Tutto su Eva», e la madre dichiara: «Suona male». Senza sapere che lei sarà sia Eva sia la madre, e che sapremo tutto su di lei. Questo è il primo ammiccamento che Almodóvar lancia allo spettatore. Ce ne saranno altri. Come *Un tram che si chiama desiderio*, che è molto piú di una strizzata d'occhio, giacché la sua messa in scena è un *Leitmotiv* che diventa *Lehrstück*: il motivo concepito per educare gli attori piú che per intrattenere il pubblico. L'opera di Tennessee Williams, il Desiderio, non è il nome di un tram, ma la trappola in cui cadranno tutti i personaggi, soprattutto l'attrice Huma Rojo (magistralmente incarnata da Marisa Paredes, che mostra qui tutta la gamma istrionica offertale contemporaneamente dal teatro e dalla vita), il personaggio che scatena la tragedia.

Ammiccamenti minori sono rivolti a Boris Vian, al gioco joyciano con le parole pneumatico e reumatico, la menzione a *Come sposare un milionario*, la padrona di casa che falsifica Chagall, la simulazione, in un seminario in ospedale, che rimanda a *Kika* e al *Fiore del mio segreto*, e che ora si ripeterà come realtà. (Qui, Almodóvar ricorda la definizione inglese di sala operatoria, teatro di operazioni). Manuela regala a suo figlio – che va a morire – una copia di *Musica per camaleonti*, di Truman Capote, un autore che Almodóvar sembra apprezzare.

Come sempre, gli attori (in questo caso le attrici, perché è un film di donne per le donne e, tra loro, Cecilia Roth carica con tutto il peso della propria tragedia una recitazione esemplare) non rappresentano, ma sono i personaggi. Nessuno è piú memorabile di Antonia San Juan, un'attrice che recita un uomo che si è fatto donna, in un gioco di trasformazioni, l'unico personaggio comico in un film tragico, triste. Il suo momento migliore è quel monologo improvvisato, uno dei grandi momenti comici nel cinema di Almodóvar. Termina con una nota seria che potrebbe essere il programma della vita nel film e del film nella vita. Dice: «Una è tanto piú autentica quanto piú assomiglia a ciò che ha sognato di se stessa». Alla fine appare la causa della gravidanza di Manuela e della malattia di Rosa: è Lola, e la troviamo in un cimitero dove stanno sotterrando Rosa, quasi come Ofelia. L'apparizione, proprio cosí, di una strana, morbida bellezza che non a caso ricorda il conte Dracula: è il maligno agente della morte. «Il sangue è vita», declamava Dracula. Qui, tuttavia, il sangue è morte.

C'è un doppio tentativo di lieto fine in questa trama complessa che è, davvero, il miglior film di Almodóvar. Il figlio che Rosa partorisce (sembrerebbe che Penélope Cruz sia presente nei film di Almodóvar per dare alla luce tra le ombre) ha ereditato il male del secolo, ma il padre moribondo, che adesso sembra sua madre, conosce il figlio, che si salverà per un miracolo. Manuela viaggia e torna a Barcellona. Pedro Almodóvar, che ha inventato Madrid, sembra ora reclamare Barcellona come sua. Guai per Gaudí. L'ultimo fotogramma di *Tutto su mia madre* è l'ultima visione e l'ultimo ammiccamento. Lí c'è Marisa Paredes stagliata contro uno sfondo verde che dice improvvisamente, misteriosa: «Ci vediamo dopo». Da *La donna che visse due volte*, dal momento in cui Kim Novak rivela allo spettatore il suo grande mistero (è lei a uscire viva tra i morti), io non avevo mai visto sullo schermo un volto tanto angosciato per un passato che minaccia di diventare l'unico futuro possibile.

Tutto su mia madre potrebbe avere per motto la famosa frase di una donna, Mme de Staël, che disse: «Capire tutto significa perdonare tutto». Questa è la filosofia secondo Pedro Almodóvar.

GUILLERMO CABRERA INFANTE,
«El País», maggio 1999.

Tutto su mia madre

Ho cominciato a scrivere a otto anni.
Allora ignoravo di essermi legato per la vita a
un nobile ma spietato padrone. Quando Dio ci concede
un dono, ci consegna anche una frusta;
e questa frusta è intesa unicamente per l'autoflagellazione.

TRUMAN CAPOTE, *Musica per camaleonti*

Chiunque lei sia, ho sempre
confidato nella bontà degli sconosciuti.

TENNESSEE WILLIAMS, *Un tram che si chiama desiderio*

Alcuni pensano che i figli siano fatica di un giorno.
Ma ci vuole molto di piú.
Molto. Per questo è cosí atroce vedere il sangue
di un figlio sparso in terra.

LLUIS PASQUAL, *Haciendo Lorca*
(basato su *Nozze di sangue* di Federico García Lorca)

SEQUENZA 0-A. Madrid. Reparto Terapia Intensiva di un ospedale. *Interno giorno*.

Si sentono solo il suono del monitor, un bip intermittente, e il rumore del respiratore, una specie di mantice. Il personale sanitario specializzato sta facendo un elettroencefalogramma alla vittima di un incidente mortale. (Due persone oltre a Manuela). Il grafico appare sul video di un monitor, e viene stampato sulla superficie di un interminabile foglio. Linee parallele indicano che il suo cervello è morto.

Manuela porta camice e pantaloni verdi, zoccoli, i capelli raccolti. Appare stanca. Prende il foglio con il grafico dell'elettroencefalogramma e lo inserisce nella cartella clinica che si trova ai piedi del letto (in una cartellina di plastica), e con un gesto meccanico all'altra infermiera (le fa capire che deve telefonare) esce dal reparto. Una musica, soffusa e intima, addolcisce i rumori soliti di un ospedale e crea un'atmosfera tenera e misteriosa.

0-B. Ufficio dell'Organizzazione Nazionale Trapianti.

Manuela entra nel suo ufficio. In alto, sopra la porta, c'è una scritta: Coordinamento Trapianti. Lascia i grafici sulla scrivania e telefona.

Si sente la voce di una Ragazza:

RAGAZZA   Organizzazione Nazionale Trapianti, buongiorno.
MANUELA   Ciao, sono Manuela, del Ramón y Cajal.
RAGAZZA   Dimmi, Manuela.
MANUELA   Abbiamo un possibile donatore. Gli è già stato fatto il primo elettroencefalogramma e c'è anche il consenso dei familiari. È un uomo di trentotto anni, gruppo 0+, peserà circa settanta chili.

0-C. Organizzazione Nazionale Trapianti.

La Ragazza prende nota dei dati che Manuela le dà per telefono. È una giovane con una gemma indiana tra le sopracciglia (il terzo occhio). Consulta alcuni elenchi all'interno di alcune cartelline divise secondo i nomi degli ospedali e degli organi: cuore, rene, polmone, ecc... Vitoria, Málaga, La Coruña, ecc. Cerca un ricevente compatibile ai dati forniti da Manuela e il luogo di residenza. La musica continua fino alla fine delle tre sequenze.

1. Madrid. Casa di Manuela. Soggiorno. *Interno notte*.

In soggiorno, davanti al televisore acceso, Esteban scrive sul suo taccuino.
Manuela, sua madre, prepara la cena in cucina. (È la stessa infermiera che abbiamo visto nella Sequenza 0-A).
Manuela è una donna bionda e attraente, fra i trentacinque e i quarant'anni. Possiede quel tipo di sicurezza tipica di chi se l'è sempre dovuta cavare da sola. Ha un dolce accento argentino e un sorriso spontaneo e triste.
Salta subito all'occhio che è una brava cuoca. La sua

cucina e la pietanza che sta preparando lo dimostrano. Prepara un tipico piatto argentino. Tra una parola e l'altra, Esteban lancia un'occhiata al televisore.

ESTEBAN   Mamma!... Sta per iniziare il film!

Esteban è un adolescente alto e dinoccolato, capelli lisci e occhi azzurri penetranti come spilli. Da tempo pratica la scrittura. Vuole diventare scrittore.

Sua madre entra in soggiorno, con un vassoio carico di piatti e cibo.

MANUELA   Dammi una mano!

Esteban posa il taccuino e aiuta la madre ad apparecchiare. Terminata la pubblicità compare il titolo del film, *All about Eve*. Una pomposa voce di sottofondo annuncia: *Eva contro Eva*.

ESTEBAN (*protesta*)   Che mania di cambiare i titoli! *All about Eve* significa «Tutto su Eva»!
MANUELA   Tutto su Eva suona male.

Esteban riprende il taccuino, gli è venuto in mente il titolo di ciò che sta scrivendo. Lo appunta in alto, come intestazione: *Tutto su mia madre*.

(Il titolo di Esteban, ingrandito, diventa il titolo del film).

MANUELA   Che stai scrivendo?
ESTEBAN (*schernendosi nasconde il taccuino*)   Nulla. Futuri premi Pulitzer.
MANUELA   Dài, mangia (*affettuosamente*). Devi mettere su qualche chilo. Forse dovrai far carriera per mantenermi.
ESTEBAN   Per far carriera non ci vogliono chili, ma una bella mazza.

Manuela resta a guardarlo, attonita. Non si aspettava una simile uscita.

MANUELA Chi ti ha insegnato a parlare cosí?
ESTEBAN Tu mi hai chiesto...

Sua madre pensa che comunque abbia esagerato.

MANUELA (*spiega*) Stavo scherzando.
ESTEBAN (*serio*) E tu?
MANUELA Io cosa?
ESTEBAN Saresti capace di prostituirti per me?

(Manuela rimane a guardarlo molto seria. La sua voce assume un tono grave).

MANUELA Io sono già stata capace di fare qualsiasi cosa per te. (*Dolce, conciliante*) Mangia.

Madre e figlio mangiano in silenzio. Gli occhi fissi sul televisore.

2 e 3. Casa di Manuela. Televisore e soggiorno. *Interno notte*.

Scena di *Eva contro Eva* (vista in televisione, doppiata). Rispettare quel tipo di suono distante, che non sembra mai uscire dalla bocca degli attori, caratteristico del doppiaggio dell'epoca.

Cosa si vede:
Celeste Holm, l'amica di Margo, arriva in teatro da un corridoio riservato agli artisti. Come ogni notte incontra Eva Harrington, stravolta dalla pioggia e dal freddo. Eva veste in modo discreto, con cappellino e impermeabile. È una fanatica ammiratrice di Margo. Celeste Holm l'ha vista migliaia di volte gironzolare in teatro, la sua presenza le è familiare.

Ma quella notte, vedendola stravolta, prova compassione e la saluta. Eva le confessa di aver visto tutte le rappresentazioni. Per premiarla, Celeste la invita: – Venga con me, Margo la deve conoscere.

Una volta in camerino, in presenza di una mordace e scettica Thelma Ritter, Eva racconta la propria storia alle tre donne, un racconto inverosimile e strappalacrime. Ma lei «lo dice» molto bene, nascondendo sotto una cappa di finta umiltà la sua incommensurabile ambizione.

Esteban, lo scrittore adolescente, viene invaso dalla sensazione di trovarsi di fronte alla genesi dello spettacolo, e della narrazione in generale: una donna che racconta la propria storia a un gruppo di donne. Anche Manuela guarda il film con interesse.

ESTEBAN   Non ti piacerebbe diventare attrice?
MANUELA   Mi è già costato abbastanza diventare infermiera. Perché me lo chiedi?
ESTEBAN   Se tu fossi un'attrice io scriverei i copioni per te.
MANUELA (*ammette*)   Da ragazza ho fatto parte di una compagnia di dilettanti. Non recitavo male. Devo avere una foto da qualche parte...
ESTEBAN (*molto interessato*)   Davvero? Vorrei proprio vederla...
MANUELA (*esita*)   Poi la cerco... chissà dov'è finita...

La scena s'interrompe.

4. Casa di Manuela. Soggiorno. *Interno notte.*

Esteban ripone i piatti sul vassoio. Entra sua madre con una foto in mano. Si avvicina a Esteban e gliela mostra.

MANUELA   Guarda... Era uno spettacolo tratto da testi di Boris Vian... cabaret per intellettuali...

La foto mostra una Manuela giovanissima, in costume di scena, con una bombetta in testa, seduta a cavalcioni di una sedia, stile Liza Minnelli in *Cabaret*. La foto è strappata a metà. Ne manca un pezzo. In origine c'era una persona accanto a Manuela. È quest'assenza a richiamare l'attenzione di Esteban, piú del fatto di vedere sua madre con vent'anni di meno quando recitava in una compagnia di teatro amatoriale.

5. Casa di Manuela. Camera da letto di Esteban. *Interno notte*.

Seduto sul letto, o appoggiato a un cuscino, Esteban annota sul suo taccuino la scena del soggiorno: sua madre gli ha mostrato una foto di quand'era giovane, ma ne manca una parte. E lui ha l'impressione che alla sua vita manchi quella stessa parte. La madre bussa alla porta ed entra in camera. Esteban ha giusto il tempo di nascondere il taccuino. Non vuole che Manuela legga quello che ha scritto.
Manuela ha un libro in mano, avvolto in carta regalo. Indica il suo orologio.

MANUELA   È mezzanotte! Buon compleanno!

Si avvicina al letto e lo abbraccia con calore.

MANUELA   Aprilo! Se ce l'hai già o non ti piace lo posso cambiare.

Esteban lo scarta, di fronte al sorriso di sua madre.

ESTEBAN   *Musica per camaleonti!*

Lo dice come se d'un tratto stesse ascoltando quella musica.

MANUELA   L'hai letto?
ESTEBAN   No. Ma come facevi a sapere che lo volevo?

Sua madre indica uno scaffale... C'è di tutto: autori inglesi contemporanei, romanzi gialli. *L'arpa d'erba* e *Colazione da Tiffany*, di Truman Capote, in edizione tascabile.

MANUELA   Sapevo che ti piace Capote...

Esteban restituisce il libro alla madre.

ESTEBAN   Leggimi qualcosa... come quand'ero piccolo...

Sua madre si siede sul bordo del letto, apre il libro e legge ad alta voce.

MANUELA (*legge*) «*Prefazione*. Ho cominciato a scrivere a otto anni...»
ESTEBAN   Vedi? Non sono l'unico...
MANUELA   «Allora ignoravo di essermi legato per la vita a un nobile ma spietato padrone. Quando Dio ci concede un dono, ci consegna anche una frusta; e questa frusta è intesa unicamente per l'autoflagellazione».

Manuela smette di leggere e osserva il libro, inquieta. Il ragazzo glielo prende dalle mani. Sfoglia qualche pagina senza leggere nulla, solo per assaporarne l'aroma.

MANUELA   Fa passare la voglia di scrivere...
ESTEBAN   Non essere cinica! È una prefazione bellissima!
MANUELA   Cosa vuoi fare domani per festeggiare il tuo compleanno?

ESTEBAN   Andare a teatro... Huma Rojo è in scena ancora questa settimana...

Manuela fa un segno d'assenso con la testa. Ok.

ESTEBAN   Mamma, mi piacerebbe anche assistere a uno dei tuoi seminari, se non ti spiace.
MANUELA (*molto stupita*)   Cosa vuoi dire?...
ESTEBAN (*un po' imbarazzato*)   Sto scrivendo un racconto su di te, per mandarlo a un concorso, ad Alicante.

Manuela non sembra d'accordo, ma non dice niente.

ESTEBAN   Mi piacerebbe vederti in quelle drammatizzazioni che fate al seminario sulla donazione di organi... Quello che mi hai raccontato mi sembra incredibile.
MANUELA (*esita*)   Proverò a chiedere. Il seminario è riservato ai medici, ma Mamen, la psicologa che lo organizza, è un'amica, credo non ci saranno problemi...
ESTEBAN   Grazie.

All'improvviso, come se l'avesse deciso in quell'istante:

MANUELA   Senti, non credo mi faccia piacere che tu scriva su di me.

Non è un dubbio, è un'affermazione.

6 e 7. Seminario dell'Organizzazione Nazionale Trapianti. Salone. *Interno giorno*.

Un ampio salone, diviso a metà: da una parte un lungo tavolo rettangolare con una ventina di medici seduti intorno. Guardano un video su uno schermo, alcuni prendono appunti, o fanno commenti tra loro a bassa voce. Presiede Mamen, la psicologa che ha organizzato il seminario.

Da una parte, su una panca, accanto a una parete, Esteban segue attentamente la drammatizzazione.
Non fa parte del gruppo.
Di tanto in tanto prende appunti sul suo taccuino.
Il salone è diviso per l'occasione in spazi separati.
In un angolo della seconda parte del salone, dietro alcuni divisori, Manuela e due medici vestiti di bianco, attorno a un brutto tavolo qualunque, stanno simulando una situazione. Una telecamera riprende in diretta ciò che gli altri medici ed Esteban stanno guardando.

MEDICO 1   Suo marito è morto.
MANUELA   Non può essere. L'ho appena visto in Terapia Intensiva, e sembrava respirare.
MEDICO 2   Gliel'abbiamo già spiegato, signora. Sono le macchine a ossigenarlo. Vuole che avvisiamo qualche familiare?
MANUELA   Non ho nessuno. Solo mio figlio. Dio mio! Come farò a dirglielo...?

Manuela piange sconsolata.
Esteban guarda attentamente lo schermo che manda in diretta ciò che sta succedendo dietro i divisori. Apre il taccuino e annota qualcosa. Manuela e i due giovani chirurghi stanno improvvisando una situazione-tipo, in cui due medici comunicano a una donna la morte accidentale del coniuge. L'infermiera è molto credibile nella parte della vedova, piú dei colleghi. I medici sembrano collegiali durante una recita. La scena ha qualcosa di sinistro. Benché sia una simulazione, è parecchio inquietante. Esteban non può evitare di pensare a suo padre morto. Mamen di tanto in tanto guarda il ragazzo, come se ne indovinasse i pensieri.

MEDICO 1 Da vivo, suo marito aveva qualche opinione sulla donazione di organi?... si è mai interessato a questi argomenti?
MANUELA (*cupa*) Da vivo, mio marito si preoccupava solo di vivere.
MEDICO 1 Ma immagino fosse solidale... con la vita degli altri...
MANUELA (*apposta*) Non capisco...

Il Medico 2 comincia a perdere la pazienza, anche se cerca di nasconderlo.

MEDICO 2 Il mio collega vuole dire che gli organi di suo marito possono salvare la vita ad altri malati... ma per questo abbiamo bisogno della sua autorizzazione.

Ellissi.

Interruzione. Viene riavvolto il nastro.

MAMEN Adesso commentiamo i momenti piú importanti della simulazione.

Manuela e i due medici escono dai divisori e si uniscono al gruppo seduto al tavolo centrale. Quando Manuela passa accanto a Esteban gli fa una smorfia affettuosa.

8 e 9. Madrid. Bar di fronte al Teatro Bellas Artes. Facciata del teatro. *Esterno notte*.

Primo piano di Esteban mentre scrive sul taccuino. Si sente il fruscio della biro sulla carta.
Il ragazzo appoggia il taccuino su un tavolo, accanto alla finestra di un bar situato di fronte al Teatro Bellas Artes.

La facciata del teatro mostra come unica immagine dello spettacolo un enorme primo piano della protagonista, Huma Rojo, che naturalmente recita la parte di Blanche Dubois. Si ha l'impressione che, dalla prospettiva di Esteban, il volto smisurato di Huma Rojo vigili sulla scrittura dell'adolescente. Piú in alto appaiono gli altri interpreti, Nina Cruz e Mario del Toro, e il titolo della pièce, *Un tram che si chiama desiderio*, di Tennessee Williams.
Il volto di Blanche occupa l'intera facciata.

Compare Manuela. Cammina avanti e indietro lungo la facciata del teatro, cercando il figlio con lo sguardo. Esteban la vede ma continua a scrivere. Dal punto di vista di Esteban è come se Manuela camminasse sul volto di Blanche, quasi fondendosi in lei. La notte minaccia pioggia, e Manuela si è vestita pensando a questa eventualità. Fa venire in mente Anne Baxter in *All about Eve*. Guarda il cielo. Si tocca il berretto e i capelli, come per assicurarsi che entrambi siano sistemati esattamente come quando era uscita di casa. Esteban la guarda senza essere visto, la clandestinità del suo sguardo conferisce alla scena una sorta di inquietudine e impudicizia.
Chiude il taccuino ed esce di corsa dal bar.

10. Strada e facciata del Teatro Bellas Artes. *Esterno notte*.

Esteban attraversa la strada di corsa e senza guardare; un'auto passa sfiorandolo, per poco non lo investe. Manuela lo vede e si spaventa a morte. Quando Esteban la raggiunge lei lo sgrida, molto arrabbiata, e molto madre.

MANUELA   Guarda dove vai quando attraversi! A cosa stavi pensando?

ESTEBAN   A nulla. Mi era venuta un'idea...
MANUELA (*insofferente*)   Un'idea!

Entrano in teatro, dopo aver consegnato i biglietti alla maschera. Primo piano sugli occhi di Blanche, sulla facciata. Una lenta carrellata all'indietro ci mostra l'intero volto di Blanche, testimone, scenografia e facciata stessa del teatro. All'inizio della carrellata s'incominciano a sentire le voci dei personaggi che recitano. Poi appaiono in sovraimpressione sul volto di Blanche. Per un attimo si ha la sensazione che il volto di Blanche sia la scenografia della sua stessa storia. Cosa che la trasforma in muto testimone delle sue disgrazie.

11.   Teatro Bellas Artes. Palcoscenico.   *Interno notte.*

Messa in scena di *Un tram che si chiama desiderio.*
Scenografia astratta e abbigliamento iperrealista contemporaneo. Un tavolo sul quale giocano a poker, una lampadina che pende dal soffitto, il portagioie di Blanche a forma di cuore, un baule pieno di vestiti, pezzi di una ringhiera di ferro battuto (reminiscenza di New Orleans) sono del tutto verosimili. E, naturalmente, anche i sentimenti dei personaggi.

L'azione si svolge nello spazio che rappresenta la camera di Blanche. Una tenda la divide dalla stanza da pranzo. Non ci sono mobili. Anche il bagno è separato dalla camera di Blanche per mezzo di una tenda. Tutta casa Dubois (anche nella sua versione piú astratta) trasuda precarietà. La scenografia ricorda il minimalismo di Bob Wilson, ma la recitazione è estremamente naturale. In quella che si suppone sia la stanza da pranzo, alla luce di una lampadina, Kowalski gioca a poker con alcuni amici sudaticci.
Una nuvola di fumo li isola dal resto.

Stanza di Blanche.
Un'enorme Infermiera afferra Blanche per le braccia. La blocca con facilità. La butta a terra e le sale sopra, senza lasciare la presa. Blanche non può lottare contro l'Infermiera, ed è completamente immobilizzata. Per strano che possa sembrare, l'Infermiera le osserva le unghie e si rivolge al Dottore, che è accanto a loro.

INFERMIERA   Sarà necessario tagliarle, queste unghie...

Il Dottore non dice niente. Ha lo sguardo fisso sul volto di Blanche. È un signore distinto.

INFERMIERA   La camicia, dottore.

Si riferisce alla camicia di forza. Il Dottore continua a guardare la donna stesa a terra.

BLANCHE (*con un filo di voce*)   Per favore... Le dica di lasciarmi.
DOTTORE   La lasci.

Contro la propria volontà, l'Infermiera libera la povera squilibrata. Blanche si rialza. Il Dottore l'accoglie con un sorriso e le offre cavallerescamente il braccio.

DOTTORE   Si tiri su. Si appoggi al mio braccio, signorina Dubois.

Blanche si aggrappa a lui, e gli rivolge uno sguardo immensamente grato.

BLANCHE   Grazie. Chiunque lei sia, ho sempre confidato nella bontà degli sconosciuti.

Escono dalla destra della scena. Kowalski e gli amici del poker continuano a bere, giocare e sudare.

Stella compare sulla sinistra del palco. Non c'era nella scena precedente, in quanto era intenta ad accudire il bambino che piangeva.
Tiene la creatura tra le braccia e non sopporta di vedere la sorella in quelle condizioni, aggrappata a un medico sconosciuto.

12. Teatro Bellas Artes. Platea. *Interno notte*.

In platea, Manuela segue lo spettacolo con un'intensità che va ben oltre una semplice attenzione. Cerca di controllare la valanga di emozioni che le provoca. Accanto a lei, Esteban si gode lo spettacolo. Di tanto in tanto guarda la madre che lotta con le lacrime.

Ritorno alla Sequenza 11.

Kowalski si alza dal tavolo da poker e cerca di consolare sua moglie, senza dare importanza a quanto è accaduto.

KOWALSKI   Dài, piccola... il peggio è passato.

Cerca di afferrarla per il gomito, ma Stella lo rifiuta con tutto il corpo.

STELLA   Non toccarmi!... non provare piú a toccarmi, figlio di puttana!
KOWALSKI (*costretto dalla presenza degli altri uomini*)   Stai attenta!

E torna al suo posto, sotto la lampadina. Stella va verso la destra del palco, dove prima era scomparsa sua sorella.

KOWALSKI (*senza guardarla né smettere di giocare*)   Stella! Vieni qui!

stella (*mormorando al bambino in braccio*)   Non tornerò mai piú in questa casa. Mai piú!

Stringe il bambino al petto. E va via, lentamente. Kowalski non se ne accorge nemmeno. E continua a chiamarla, con la stessa autorità. Con la stessa naturalezza.

kowalski   Stella! Stella!

La scena si interrompe.

13. Strada del Teatro Bellas Artes. *Esterno notte*.

Piove a dirotto. Gli spettatori escono da teatro e si disperdono frettolosi sotto la pioggia. Fortunatamente Manuela ha con sé un ombrello.

esteban   Mi piacerebbe chiedere un autografo a Huma Rojo.
manuela   Un autografo? Con questo tempo?
esteban (*sorride*)   Che c'entra?

Si riparano sotto la porta del bar (chiuso, a quest'ora), di fronte al teatro. Oltre a proteggersi dalla pioggia, da lí possono controllare l'uscita degli artisti.

La scena si interrompe.

14. Porta del bar (chiuso). Di fronte al Teatro Bellas Artes. *Esterno notte*.

Manuela inizia a spazientirsi. Dalla porta non esce nessuno. E non smette di piovere.

manuela   E se non esce nessuno?

esteban   Aspetta ancora un po'... È il mio compleanno!

Dall'«Uscita degli artisti» compaiono alcuni attori e il Direttore di scena. Osservano la pioggia con fastidio. L'attrice che recitava la parte dell'infermiera commenta desolata: «Guarda! È arrivato l'autunno». Il gruppo si separa e subito scompare.

15. Porta del bar (chiuso). Di fronte al Teatro Bellas Artes. *Esterno notte*.

All'altro lato della strada, Esteban e sua madre continuano a fissare la porta. Manuela guarda preoccupata la pioggia.

esteban (*commenta*)   Ti ha molto emozionata Nina Cruz, vero?
manuela (*seria*)   Non lei, Stella. Vent'anni fa, con il gruppo del mio paese, abbiamo messo su una versione del *Tram*... io interpretavo Stella, e tuo padre Stanley Kowalski.

Esteban resta a guardarla, serio.

esteban   Un giorno dovrai raccontarmi tutto su mio padre. Non basta che tu mi dica che è morto prima che io nascessi.

Manuela rimane un attimo in silenzio, prima di restituirgli lo sguardo. L'argomento la mette in crisi.

manuela   Non è semplice raccontarlo...
esteban   Ci credo. Altrimenti me l'avresti già raccontato. Ero sul punto di chiedertelo, come regalo di compleanno...
manuela   Non sono sicura che sia un bel regalo.

ESTEBAN (*con enfasi*)   Ti sbagli! Per me non ci sarebbe regalo migliore!

Pausa. Manuela mantiene un breve, concentrato silenzio.
Madre e figlio fissano la pioggia.

MANUELA (*grave*)   D'accordo... ti racconterò tutto quando saremo a casa.

Lo dice come se fosse un'autocondanna. Esteban la bacia con gratitudine sulla guancia. Sentono gridare dal marciapiede di fronte.

16. Strada del Teatro Bellas Artes. Uscita degli artisti. *Esterno notte*.

Huma e Nina escono dall'«Uscita degli artisti», tutt'e due con un'aria furiosa. Stanno litigando.

NINA (*si lamenta, in malo modo*)   Stare in teatro è peggio che essere monaca di clausura!
HUMA   Per te tutto quello che non è andare in giro e farti come una scimmia di qualsiasi cosa significa essere una monaca di clausura!

Nina fa un gesto con la mano. Insofferente.

NINA   Taxi!

Huma ripara entrambe con un ombrello.
Immediatamente un taxi si ferma accanto a loro.
Entrano veloci in auto.

17. Strada del Teatro Bellas Artes. Dentro e fuori dal taxi. *Esterno notte*.

Esteban osserva colpito la scena. Si rende conto che se non reagisce in fretta, Huma gli sfuggirà. Corre verso l'auto e si avvicina al finestrino di Huma. È chiuso.
Esteban bussa al vetro e gesticola per farsi aprire. In mano stringe il taccuino. Lo schiaccia contro il vetro perché lei lo veda. Huma lo guarda, impotente e confusa, mentre Nina dà l'indirizzo all'autista.

NINA   Alfonso XIII, per favore.

Il taxi parte lasciando Esteban in mezzo alla strada, sotto la pioggia. Manuela si avvicina al figlio e lo copre con l'ombrello. È una situazione assurda e desolante.
Dall'interno del taxi Huma si volta e guarda il ragazzo attraverso il finestrino appannato. Accenna un sorriso, come per scusarsi.
Esteban interpreta il gesto della diva come un invito e inizia a correre dietro al taxi.
In mezzo alla strada, sola sotto l'ombrello, Manuela gli grida:

MANUELA   Esteban, lascialo andare!

18. Strada del Teatro Bellas Artes. *Esterno notte*.

Il taxi di Huma svolta a destra, verso Cibeles. Da sinistra, cioè da Sol, sopraggiunge un'auto a tutta velocità. Dall'interno del veicolo vediamo Esteban arrivare all'angolo di corsa. Ma solo per un istante, l'istante della collisione. L'auto investe il ragazzo con violenza, il corpo di Esteban sbatte contro il pa-

rabrezza e finisce sul cofano. Per l'impatto il taccuino vola via.
Manuela vede tutto, ancor prima che accada. Lascia andare l'ombrello, che rimbalza, spinto dal vento, e corre verso il corpo del figlio.
Non c'è anima viva. Solo la pioggia e le grida di Manuela. Manuela grida disperata. L'auto si dà alla fuga. Esteban giace immobile in mezzo alla strada. Il suo sangue si mescola al rigagnolo di pioggia che scorre accanto al marciapiede.

19. Ospedale. Stanza attigua alla Sala Operatoria. *Interno notte.*

Manuela aspetta, seduta su una brutta poltrona di skai. Mamen, l'amica psicologa, è seduta accanto a lei. Non si parlano. Manuela stringe nella mano destra il taccuino di suo figlio, fradicio e sgualcito. È come se tenesse stretta la mano con cui lui scriveva. Le parole di Esteban le scorrono tra le dita.

VOCE FUORI CAMPO DI ESTEBAN «Domani compio diciassette anni, però sembro piú grande. Ai ragazzi che vivono soli con la loro madre, viene una faccia speciale, piú seria del dovuto, come da intellettuale o da scrittore».

Le due donne sono sedute davanti a una delle porte della Sala Operatoria. Manuela ha le guance e le palpebre gonfie e arrossate, come pure le labbra. Deve aver pianto molto durante lo stacco precedente questa sequenza. Sembra non avere piú ciglia, come se si fossero consumate con le lacrime. Ha i capelli arruffati e stopposi.

20. Ospedale. Interno Sala Operatoria. *Interno notte*.

Particolare di un elettroencefalogramma. Il grafico che si imprime su un foglio senza fine è una linea sottile come il filo di un rasoio, la breve linea che separa la vita dalla morte. Esteban ha attraversato questa linea. Il suo corpo, collegato ad alcune apparecchiature, giace immobile. Il petto si solleva lievemente, come se respirasse, ma non è la sua giovane anima ad alimentarlo. Una macchina respira per lui.

21. Coordinamento Trapianti e Organizzazione Nazionale Trapianti. *Interno notte*.

Conversazione telefonica. Ufficio dell'Organizzazione Nazionale Trapianti (come nella Sequenza 0-B): il posto che occupava Manuela in quell'ufficio ora è occupato da un'altra donna, vestita anche lei da infermiera.

INFERMIERA   Sono Lola, del Ramón y Cajal.

Nell'ufficio dell'Organizzazione Nazionale Trapianti, la stessa ragazza con il terzo occhio tra le sopracciglia, quella che appariva nella Sequenza 0-C, risponde all'Infermiera.

RAGAZZA   Sí, dimmi Lola.
INFERMIERA   Abbiamo un possibile donatore, è in Sala Operatoria, hanno appena finito di fargli il primo elettroencefalogramma, ma la madre per ora non ha ancora dato l'assenso.
RAGAZZA   I suoi dati?
INFERMIERA   Non li ho, è il figlio di Manuela, per questo ti chiamo io, e non lei...
RAGAZZA   Manuela? Quella che conosco?... La Coordinatrice?
INFERMIERA   Sí, è morto. È terribile!

22. Sede Centrale dell'Organizzazione Nazionale Trapianti.

Nella sede centrale dell'Organizzazione Nazionale Trapianti la ragazza dal terzo occhio consulta liste, archivi, eccetera, per decidere quale sia il ricevente ideale, o quello a cui spetta secondo una lunga lista d'attesa. Dagli elenchi, il ricevente idoneo per il cuore di Esteban risiede a La Coruña.

23. Stanza dell'Ospedale attigua alla Sala Operatoria. *Interno notte*.

Si apre la porta della Sala Operatoria, appaiono due chirurghi a testa bassa.
Si avvicinano a Mamen e a Manuela. Sono gli stessi medici che avevano partecipato con lei alla drammatizzazione, il giorno prima.
Manuela sa già ciò che stanno per dirle, ma si rifiuta di ascoltare.

MEDICO 2 Manuela, disgraziatamente il risultato è come temevamo, devi prendere una decisione. Non c'è tempo da perdere.

Lenta e distratta, come drogata, Manuela reagisce in modo confuso. Tarda a comprendere le parole dei colleghi.
I medici interpretano la loro parte con straordinaria delicatezza e con molta piú convinzione del giorno prima, durante il seminario. Però c'è qualcosa che non funziona nell'interpretazione di Manuela. È fuori dal personaggio, non accetta né ammette la parte del copione che le compete.
Li guarda spaventata. Mamen non sa cosa fare per aiutarla. Cerca di starne fuori affinché Manuela decida liberamente.

MEDICO 1   Esteban ha fatto qualche commento sul seminario?

Manuela cerca di ricordare, con fatica.

MEDICO 2   Credo che sia stato lui a chiederti di assistere...
MANUELA   Sí... Gli avevo parlato io delle drammatizzazioni e ne era incuriosito.
MEDICO 1   E che effetto gli ha fatto?

Manuela cerca di ricordare.

MANUELA   Mi ha chiesto a cosa pensavo quando piangevo... Credeva che pensassi a suo padre, ma gli ho risposto di no. Allora mi ha detto che io ero una bravissima attrice, e voi pessimi...

I medici ascoltano ognuna delle sue parole con rispetto, attenzione, impazienza.

MEDICO 2   E non ti ha detto nient'altro? (*Manuela non risponde*). Cosa avrebbe pensato se avesse saputo che in questo momento poteva salvare la vita a qualcuno?

Manuela li guarda, sembra supplicarli, gli occhi smisuratamente aperti per l'orrore. Mamen le prende una mano.

24. Varie scenografie. *Durante la notte*.

La meccanica del trapianto (immagini molto brevi, a volte accompagnate da didascalie alla base del fotogramma, che spiegano il luogo dove avviene, e il nome e la funzione dei personaggi, se necessario):

1. La Coordinatrice dell'Organizzazione Nazionale Trapianti (quella con il terzo occhio) chiama

l'Ospedale della Coruña e parla con l'équipe dei trapianti.

2. A casa sua, il malato della Coruña è a letto, respira con difficoltà. Si sente il cicalino di un cercapersone. Il malato lo porta addosso, come una medaglia, un ciondolo, una bussola. Accende la luce, lo prende e legge il messaggio. È solo un numero di telefono. Quello dell'ospedale. «Dobbiamo andare in ospedale», dice a sua moglie, con la quale condivide malattia e letto. «Non ti agitare, sta' tranquillo». I nove numeri del messaggio significano la possibilità di avere un cuore giovane, un trapianto.

3. A Madrid, Manuela firma l'autorizzazione con la quale dona gli organi del figlio, il cuore... Accanto a lei, Mamen. Manuela firma automaticamente, sembra una sonnambula.

4. L'équipe di trapianti della Coruña cammina ai bordi della pista dell'aeroporto prima d'imbarcarsi su un piccolo jet privato che li porterà a Madrid. Il chirurgo tiene in mano una specie di borsa termica (come quelle che si usano nei pic-nic) al cui interno trasporterà l'organo. La macchina da presa presta particolare attenzione alla borsa.

5. A Madrid, il corpo di Esteban viene condotto rapidamente su una barella in Chirurgia. Mostrare in modo dettagliato le apparecchiature, piú che il corpo del donatore, eccetera. Come se si trattasse di un'operazione militare. La barella scompare oltre la porta del reparto.

6. L'équipe di trapianti della Coruña atterra a Barajas. Attraversano la pista... attenzione all'uomo con la borsa termica...

7. La stessa équipe procede nel corridoio dove prima abbiamo visto la barella che trasportava il cadavere di Esteban.

8. Entrano in Chirurgia.

9. Escono dalla stessa porta. Ancora la borsa...

10. Ospedale della Coruña. All'interno, in Chirurgia, preparano il malato che avevamo visto prima a casa sua con la moglie.

25. La Coruña. Ospedale della Coruña. *Esterno giorno*.

Tre settimane dopo. Fuori dall'Ospedale della Coruña. Il malato esce dall'ospedale, accompagnato dalla moglie e da due parenti dall'aspetto umile. Nascosta tra alcune auto parcheggiate, una donna con occhiali neri spia furtivamente l'uscita del malato. È Manuela. Il malato le passa molto vicino, Manuela non può evitare di guardargli il torace, il luogo dove ora palpita il cuore di suo figlio.

26. Madrid. Casa di Manuela. Stanza di Esteban. *Interno sera*.

Un altro giorno.
Manuela entra in casa, con una valigia e una borsa. È piú magra, ha le occhiaie e i capelli trascurati e opachi. Lascia i bagagli nell'ingresso. Nonostante l'oscurità, non accende la luce. Va direttamente nella stanza del figlio.

VOCE FUORI CAMPO DI ESTEBAN «Ieri sera la mamma mi ha mostrato una foto di quando era giovane, ne mancava la metà. Non ho voluto dirglielo, ma anche alla mia vita manca quello stesso pezzo...»

Manuela apre la porta della camera di Esteban. Il suo viso è senza espressione, non è piú in grado di esprimere tutto il proprio dolore. L'oscurità e il silenzio trasformano la stanza in uno spazio immenso. Gli oggetti di Esteban sono rimasti allo stesso posto, sui ripiani, ma anche loro sono senza vita.
Suonano alla porta.

27. Casa di Manuela. Soggiorno. *Interno giorno.*

Manuela apre la porta, senza accendere la luce.
Dall'altra parte c'è la sua amica e psicologa Mamen.
Mamen l'abbraccia teneramente. Manuela si lascia abbracciare, seria e sfinita. Resta per tutta la scena del medesimo umore.
Mamen si stupisce di vedere la casa al buio.

MAMEN   Ero molto preoccupata, pensavo che non mi avresti piú chiamata!
MANUELA   Ti ho telefonato appena tornata a Madrid...
MAMEN   Sto parlando dell'Argentina. Io ti ho chiamata un sacco di volte, ma forse ho scritto male il numero di tua zia...
MANUELA   Non sono stata in Argentina, Mamen. Sono stata a La Coruña...

Fino a questo momento, le due donne sono rimaste accanto alla porta, abbracciate. Manuela si stacca da Mamen ed entra in cucina. Mamen la segue al buio. Nemmeno in cucina Manuela accende la luce.

MAMEN (*attonita*)   A La Coruña?... Perché?

Manuela apre il rubinetto e si riempie un bicchiere d'acqua.

MANUELA   Ho seguito il cuore di mio figlio...

Da una tasca estrae una confezione di Lexotan e inghiotte una capsula.

MAMEN (*allarmata*)   Ma chi ti ha detto?... Come puoi sapere...?
MANUELA (*la interrompe*)   Ho frugato io stessa negli archivi per scoprire il nome e l'indirizzo del ricevente.

Mamen preme l'interruttore della luce, come se con quel gesto volesse esprimere tutto il suo disappunto. È colpita dalla magrezza e dalle occhiaie di Manuela. Si rende conto che l'amica è andata al di là del dolore, un luogo da cui Manuela non la riconosce.

Manuela guarda Mamen come un'estranea.

MAMEN   Non avresti dovuto farlo! Oltre che un abuso, è il modo migliore per farti impazzire! (*L'abbraccia e la scuote, per farla reagire*) Guardami, cazzo!
MANUELA   La cosa migliore è smettere di lavorare per l'Organizzazione Nazionale Trapianti e andarmene via da Madrid.
MAMEN   Non dicevo questo...
MANUELA   Ma lo pensi, e hai ragione (*guarda le valigie*). Credo che non disferò neppure le valigie...
MAMEN   Non sei in grado di viaggiare da sola, Manuela. Sei malata. Devi riposare, e riprenderti. Stanotte rimango qui con te.
MANUELA   No.
MAMEN   Allora vieni tu da me.
MANUELA (*tagliente*)   Voglio stare sola, Mamen.
MAMEN (*la prega*)   Cerca di ragionare.
MANUELA (*ruggisce, dura*)   Come?

Mamen non sa rispondere a una domanda tanto semplice.

28. Galleria. *Esterno giorno e interno treno*.

Manuela sta viaggiando nello scompartimento di un treno, sola e quasi al buio, con i suoi pensieri.
Inquadratura della lunga galleria. Per il suo squallore e l'oscurità, sembra una galleria interiore, attraverso la quale Manuela si congiunge al proprio passato.

VOCE FUORI CAMPO DI MANUELA (*ciò che pensa*) «Diciotto anni fa ho fatto lo stesso percorso, ma all'inverso, da Barcellona a Madrid. Anche allora fuggivo, ma non ero sola. Portavo dentro di me Esteban. A quel tempo fuggivo da suo padre, e ora vado alla sua ricerca».

29. Barcellona. Vista aerea. *Esterno sera*.

Dall'oscurità del treno si passa all'oscurità di Montjuic. Una veduta aerea si fa strada fra il verde scuro della montagna fino a raggiungerne la cima. Superata la cima, nella valle, appare Barcellona illuminata dalle sue mille luci palpitanti.

30. Barcellona. Nel taxi. *Interno notte*.

Il finestrino di un taxi riflette un edificio emblematico della città (la Sagrada Familia).
Il vetro viene abbassato, e compare il volto di Manuela, inquadrato nel finestrino dell'auto. Manuela guarda fuori.

31. Barcellona. Il Campo. *Esterno notte*.

Lo stesso taxi entra in una zona di prostituzione di transessuali. Il tassista è molto a disagio per ciò che vede. Manuela guarda dal finestrino con la freddezza di un investigatore. Imperturbabile.

TASSISTA Andiamo avanti?
MANUELA Sí.

Il taxi si unisce a una fila di automobili che gira attorno a uno spiazzo sterrato. È il posto piú battuto dai travestiti, dove prestano servizio gli esemplari piú giovani, quelli con le tette piú belle, i piú femminili. Quelli che hanno ottenuto i risultati migliori con l'avventura chirurgica.

Immagine apocalittica: uno spiazzo, pieno di polvere, sassi e buche, accanto al muro del cimitero. A pochi metri si trova il campo di calcio del Barcellona. Le lavoratrici dello spiazzo lo chiamano il Campo. «Arrivo dal lavoro al Campo», o «Vado a lavorare al Campo». Lavoratrici del sesso, a cottimo.
Terra di nessuno, non ci sono lampioni, né erba, né alberi. Nulla (la notte, e basta). Solo buche, ghiaia e molta polvere. L'unica luce proviene da due o tre grandi falò, e dai fari delle auto che si muovono come in una giostra. Se la notte è stellata, la luna avvolge ogni cosa con i suoi riflessi azzurrati. Tutto il resto è oscurità e milioni di scintille sospese nell'aria.

Tra la polvere appaiono le lunghissime gambe dei travestiti, e bisogna osservare con attenzione per distinguere qualcosa oltre alle loro tette nude. Stanno in gruppi di due o tre provocando o mercanteggiando le loro tariffe con le auto (arriva anche qualche moto, in cerca di un rapido rapporto orale). Con ogni sorta di genitali al vento, qualche professionista rimane sola e statuaria, sfidando la notte con la sua figura siliconata. Gridano. Qualcuna si prende un momento di riposo e ne approfitta per riscaldarsi accanto ai falò. A loro disposizione c'è una specie di auto-bazar, al cui interno si trova di tutto: mutandine, calze, preservativi, crema lubrificante, panini assortiti. Un emporio su ruote, con le quattro portiere, oltre al bagagliaio, aperte. In uno dei gruppi che si riposano e si scaldano accanto a un falò e all'auto-bazar, c'è una giovane bruna, vestita con una sobrietà impropria per quel luogo. Richiama l'attenzione di Manuela, non sembra una puttana. Dà l'impressione di trafficare in altro (droga? preservativi? siringhe?), l'oscurità impedisce di vedere esattamente di cosa si tratta. È bella. Una tossica?

32. Barcellona. Ponti vicini allo spiazzo. *Esterno notte*.

Dopo aver fatto un giro di giostra completo, il taxi giunge in una zona dove ci sono due ponti, uno vicino all'altro. Una zona deserta e buia, coperta di sterpaglie. Manuela vede una professionista nei guai. S'intuisce solo la violenza dei movimenti. Probabilmente si sta picchiando con qualcuno. Il taxi gira al largo. Manuela ordina all'autista di fermarsi. Il tassista obbedisce. Manuela scende cauta a circa trenta metri dal punto in cui un cliente le sta dando di santa ragione a un travestito con una lunga parrucca. Manuela raccoglie una pietra e la infila nella borsa. Non si fida della propria mira.

33. Barcellona. Zona ponti. *Esterno notte*.

L'Aggressore tiene il travestito stretto per il collo, quasi lo strozza. Ma prima decide di baciarlo in bocca, capricci di uno psicopatico, per cui avvicina il viso a quello della vittima, sempre stringendogli il collo; quando è già molto vicino alle sue labbra (il desiderio gli fa allentare la pressione delle dita), il travestito ne approfitta per tirargli una testata sul naso. L'Aggressore ha un improvviso scatto all'indietro, e con una mano si tampona il naso sanguinante.

Macchia di sangue il vestito della vittima. La vittima ne approfitta per cercare e trovare un coltello dentro la borsetta. L'Aggressore torna alla carica e glielo strappa di mano, dopo una breve colluttazione. Il travestito striscia a quattro zampe per terra, cercando di allontanarsi.

34. Zona ponti. *Esterno notte.*

Senza essere vista, Manuela si avvicina da dietro e sferra all'Aggressore un tremendo colpo sulla testa, con la borsa pietrificata. Il tipo crolla a terra tramortito. Mentre geme per il dolore, Manuela gli toglie il coltello. Il travestito smette di scappare, torna indietro e s'inginocchia accanto all'Aggressore aggredito. Preoccupata per lui, cerca di aiutarlo a rimettersi in piedi e inveisce contro la sconosciuta salvatrice:

AGRADO Ehi, che hai fatto?
MANUELA L'ho colpito con una pietra.
AGRADO Mi vuoi rovinare? Dài, aiutami a tirarlo su.

Tra tutt'e due riescono a rimettere l'Aggressore in piedi. Ma l'uomo continua a essere completamente stordito.

AGRADO (*all'Aggressore*) Dài, stai su, cazzo, in fin dei conti t'ha solo sfiorato... riesci a camminare? (*L'altro non risponde*). (*A Manuela*) Non ti pare di aver esagerato?

L'Aggressore barcollando inizia a camminare, andando a zigzag, come un ubriaco. La vittima lo guida, dando le spalle a Manuela.

AGRADO (*indica con la mano lo spiazzo a circa duecento metri*) Vai al falò delle top e chiedi di Ursula, dille che ti manda la Agrado, loro ti aiuteranno.

35. Zona ponti. *Esterno notte.*

C'è poca luce, Manuela e la suddetta Agrado non hanno avuto la possibilità di guardarsi in faccia. Manuela reagisce quando sente il nome.

MANUELA   Agrado!... Sei proprio tu?

Agrado si volta. Stupore e sorpresa da parte di tutt'e due.

AGRADO (*grida*)   Manolita!

Si abbracciano con calore, gridando di gioia.

AGRADO   Manolita! Manolita mia!

Si stacca da lei per vederla meglio. Manuela ha il petto macchiato di sangue.

AGRADO   Sei ferita?
MANUELA   Mi hai macchiata tu.

La bacia e l'abbraccia di nuovo.

AGRADO   Non perché tu mi abbia salvato la vita, ma quanto mi sei mancata!... Diciott'anni senza una parola, né due righe, né una telefonata... Credevo fossi morta! Andiamo a casa mia e raccontami tutto!
MANUELA   Prima però passiamo da una farmacia. Sei un disastro!

Le esamina il viso: botte, contusioni, graffi, piccole ferite, niente di importante, ma ha bisogno di essere medicata subito. Si guarda attorno.

MANUELA   Dove troviamo un taxi?
AGRADO (*indica*)   Là.

Si prendono per mano e cominciano a camminare.

AGRADO   Se siamo fortunate non ci aggrediranno piú questa sera. Hai il coltello?
MANUELA   Sí, e ho anche una pietra enorme nella borsa.

36. Barcellona. Farmacia. *Esterno notte.*

Dall'apertura nella saracinesca di una farmacia. Manuela chiede a un commesso mezzo addormentato un lungo elenco di medicinali. Dopo aver notato l'aspetto di Agrado, coperta di polvere, graffi, trucco sfatto, la parrucca arruffata e lunga fino al sedere, una minigonna di plastica e, nonostante tutto, un sorriso da orecchio a orecchio, il Commesso difficilmente potrà riprendere sonno.

MANUELA   Mercurocromo, trombocid... garze sterili, del disinfettante... (*esamina Agrado con un'occhiata, cercando di valutare i danni, le scopre sul braccio una ferita da coltello*). Mi dia anche delle graffette per sutura. (*Ad Agrado*) Hai dell'alcol in casa?
AGRADO   No. Ieri sera mi sentivo proprio giú e me lo sono bevuto.
MANUELA (*sorride*)   Alcol per disinfettare, volevo dire.

Il Commesso osserva la coppia.

AGRADO   No. Solo vaselina, preservativi e qualche cerotto.
MANUELA (*al Commesso*)   E dell'alcol, per favore.

37. Barcellona. Casa di Agrado. *Interno notte.*

Manuela sta medicando le ferite sul volto di Agrado. Niente di grave.
Sono in una stanza che è al tempo stesso cucina e

soggiorno. Dalle finestre si vedono le mitiche colonne del Palau di Muntaner, che colorano la notte con le loro tinte pastello.

Manuela ha posato i medicinali di pronto soccorso sopra una tela cerata a fiori che copre completamente il tavolo. Al centro del tavolo c'è una foto. Tutt'e due la guardano con nostalgia.

AGRADO   Barceloneta... che tempi? Ti ricordi?

La foto era stata scattata agli inizi degli anni Ottanta, quando la spiaggia di Barceloneta significava chioschetti e libertà. Nella foto appare Agrado, travestita, ma meno donna. C'è anche Manuela, con un'espressione felice ed elettrizzata, sembra su di giri. Manuela abbraccia con trasporto un tipo molto bello, anche lui travestito e con le tette, anche se le spalle larghe denunciano il suo vero sesso. In ogni caso è un personaggio che possiede un fascino inequivocabilmente alternativo. Il chioschetto in questione porta il suo nome, «Lola, la Pioniera».

La casa di Agrado è ricca di dettagli personali, quasi tutti molto kitch.

38. Casa di Agrado. *Interno notte*.

MANUELA   Hai notizie di lei?
AGRADO (*furiosa*)   Di Lola?... Sí, purtroppo!

Evidentemente parlano del terzo personaggio della foto. Durante tutta la conversazione, Agrado non riesce a star ferma, la medicazione con l'alcol le brucia il viso. Quando s'arrabbia parla col suo accento delle Canarie.

MANUELA   Che è successo?

AGRADO (*indignata, racconta*)   L'ho tenuta qui perché stava male. Come al solito, con tutto quello che si spara in vena! Una mattina, tornando dal «Campo», sfatta dal lavoro, scopro che mi aveva svaligiato la casa! (*Con dolore*) Orologi, gioielli, vecchie riviste degli anni Settanta, quelle a cui mi ispiro... Trecentomila pesetas. Ma quello che mi fa piú male è che si è fregata una statuetta della Virgen del Pino, me l'aveva regalata mia madre... chissà che se ne farà, lei che non crede a niente. A meno che non si sia ficcata in una setta satanica e che le serva per i loro riti! Non mi stupirei!

Manuela interrompe per un momento la medicazione.

MANUELA   Vedo che non è cambiata!
AGRADO   Fare questo proprio a me, con tutto quello che mi deve! Da quando ci siamo conosciute, vent'anni fa, a Parigi, mi sono sempre comportata con lei come una sorella! Ci siamo fatte le tette insieme... Che vuoi che ti dica!
MANUELA   Non l'hai piú rivista?
AGRADO   No, né lo voglio!... Ma che è successo, la stai cercando?
MANUELA   Abbiamo qualcosa in sospeso...

Agrado cambia tono, non è piú indignata. La preoccupa la crescente tristezza dell'amica.

AGRADO   Manuela, perché te ne sei andata via cosí?

Manuela non risponde.

AGRADO   Non vuoi raccontarmi nulla?
MANUELA (*non può*)   Un'altra volta...

Agrado capisce che non è il caso d'insistere.

AGRADO   Va bene. (*La prega, sincera*) Ma non sparire

piú a quel modo! A me piace dire addio alla gente che amo, quando parte, anche solo per scoppiare a piangere...

E per dimostrarlo si mette a piangere.
Manuela la guarda intenerita. Perlomeno, Agrado non è cambiata.

39. Casa di Agrado. Cucina. *Interno giorno.*

Il giorno dopo. L'una del pomeriggio.
Manuela sta facendo da mangiare (dopo aver steso a un balcone interno i vestiti macchiati di sangue). Indossa un grembiule di Agrado. Sente un grido lacerante provenire dall'interno. Spaventata, si volta verso la porta e vede apparire Agrado in vestaglia. Un'immagine sconcertante: Agrado, senza trucco, con i suoi capelli veri, gonfia e con il volto disfatto. I quarant'anni del personaggio si rivelano in tutta la sua maltrattata crudezza.

Agrado è cosí sconvolta che non fa caso al cibo che Manuela ha messo sul tavolo: formaggio, *dulce de leche* e la sua insalata speciale.

AGRADO (*grida sconsolata*)   Assomiglio a Elephant Man!

Agrado sembra uscita da un brutto film dell'orrore. Il suo aspetto è peggiorato in confronto alla notte precedente.

MANUELA   Esagerata! Sei solo un po' gonfia.
AGRADO   Un po' gonfia?... Ma dove vuoi che vada conciata cosí? Non rappresento nessun tipo di perversione! Beh, necrofilia o zoofilia, forse...

Si siede, col morale a terra. Non è facile riconoscere cosí in fretta, e a stomaco vuoto, la propria mostruosità.

MANUELA Dài, mangia qualcosa.
AGRADO (*piagnucola*) Perché ti sei disturbata!

Non si capisce se le lacrime siano dovute alla sua faccia o al disturbo che si è presa Manuela facendo da mangiare. Tutto quanto ha un buonissimo aspetto. Manuela serve tutt'e due. Incominciano a mangiare, sedute l'una di fronte all'altra, allo stesso tavolo della notte prima.

AGRADO Mmm... Da quando sei andata via non ho mai piú mangiato come dio comanda, anche perché, certo, per fare la modella devo tenermi. È il brutto di questa professione, che devi essere bella a tutti i costi! E sempre al passo con le ultime scoperte tecnologiche in chirurgia e cosmetica!

Fa una smorfia di dolore.

AGRADO Mi fa male masticare! Non potrò piú fare pompini!
MANUELA Oggi non devi andare a lavorare!
AGRADO E che faccio? Lola mi ha lasciata senza una lira!... Devo lavorare...
MANUELA Anch'io. Se vuoi cerchiamo lavoro insieme...

Questo la mette di buonumore.

AGRADO Benissimo!

40. Strada di Barcellona. *Esterno giorno*.

Manuela e Agrado camminano per la strada, a braccetto. Manuela indossa un vestito (attillato) di Agrado; le sta abbastanza bene. Agrado, invece, è fasciata in un tailleur finto Chanel.

MANUELA Sei splendida!

AGRADO   Niente come un Chanel riesce a farti sentire rispettabile.
MANUELA   Tu sembri molto rispettabile, ma io sembro una puttana, se posso dirlo.
AGRADO   Meglio cosí. Queste suore aiutano solo puttane e travestiti. Per cui...
MANUELA (*annuisce*)   Senti, ma lo Chanel è autentico?
AGRADO   No, cara. Figurati se spendo mezzo milione di pesetas per uno Chanel autentico, con la fame che c'è nel mondo!... Le uniche cose vere che ho sono i sentimenti e i litri di silicone, che mi pesano come quintali. Come mi sento vecchia, Manolita! E non sono gli anni!
MANUELA   Sono le mazzate.
AGRADO   Le mazzate che mi sono presa negli ultimi quarant'anni...

41. Barcellona. La sede della «Caridad». *Interno giorno*.

Un appartamento normale, con un grande ingresso dove ci sono un bancone e un tavolino rotondo. Un lungo corridoio lo collega con la zona piú grande della casa, che viene utilizzata come laboratorio per lavori manuali, e come sala d'esposizione. Gli scaffali alle pareti mostrano le «opere d'artigianato» delle donne che si sono riabilitate tra queste stesse mura. Una suorina raffreddata apre la porta che dà sul pianerottolo, è talmente imbacuccata da sembrare una russa. Nel soggiorno, due domenicane stanno rispettivamente pulendo e lavando il pavimento.
Agrado e Manuela salutano.

SUORA   Salve, cercate qualcuno o posso aiutarvi?...

È Agrado a parlare, ma si spiega malissimo. La suora non è stupida a vederla con un occhio iniettato di sangue, e con una guancia gonfia, vicino alla piega delle labbra. Questa stessa porta è stata testimone di apparizioni ben peggiori.

AGRADO   Sí, siamo qui per quella che va al «Campo»... (*Si riferisce a una suora, naturalmente*). Quella tanto carina... con i capelli lunghi.
SUORA (*senza esitare*)   Ah, Suor Rosa. È in laboratorio. Entrate.

Sempre a braccetto, Manuela e Agrado attraversano il corridoio e arrivano nel laboratorio, pieno di puttane, ex drogate, qualche vecchio travestito senza piú chances. Una negra, con un bellissimo bambino, lavora alla macchina da cucire. Due casalinghe, che per un qualche motivo non si sono potute realizzare come tali. Suor Rosa è occupata con due travestiti dal viso irrimediabilmente tumefatto. Uno dei due le dice: Rosa, ci sono visite. E fa un cenno con la testa in direzione di Agrado e Manuela. Agrado le fulmina con lo sguardo, come per avvertirle: «Attente, non facciamo confusione. Io non sono come voi. Per quanto oggi sia pesta!»

Suor Rosa si alza e si avvicina ad Agrado e a Manuela.

SUOR ROSA   Agrado, cos'hai combinato?
AGRADO   Nulla. Botte. Rischi del mestiere. Possiamo parlare?

Manuela riconosce nella Suora la ragazza vista sullo spiazzo. Adesso capisce, Rosa stava distribuendo preservativi a due travestiti.
Suor Rosa è una donna giovane, bella, ingenua e coraggiosa. E, come molte persone che si dedicano al bene sociale, un po' sulle nuvole. Non ha pregiudizi. Ed è di una spontaneità a volte inopportuna.

Il tutto dà come risultato un insieme sconcertante, comico, sorprendente e profondo.

SUOR ROSA   Certo. Andiamo nell'ingresso, staremo piú tranquille.

Escono.

42. Corridoio e ingresso «Caridad». *Interno giorno.*

Di nuovo in corridoio.

AGRADO   Io e la mia amica vogliamo mollare il marciapiede, ma dobbiamo lavorare, vero Manolita? Qualsiasi cosa, anche pulire le scale.
SUOR ROSA (*risponde ad Agrado*)   Per la verità non c'è molto altro. Beh, spazzine, o imparare qui in laboratorio a fare lavori d'artigianato, tovaglie a piccolo punto, centrotavola di fiori secchi...
AGRADO   Io quasi quasi preferirei fare la spazzina.

Nell'ingresso Suor Rosa indica loro un tavolino situato in un angolo. Il mobilio è brutto e di recupero, ma funzionale.

SUOR ROSA (*a Manuela*)   E tu che sai fare, oltre a battere?
MANUELA   Ho fatto la cuoca in un ristorante.
AGRADO   Ed è quasi chirurgo, guardi che faccia! (*Indica il volto coperto di lividi, Suor Rosa sta per esclamare «Che orrore!»*) Ha fatto tutto lei, non Pitanguí! È compaesana di Lola.

Quest'ultima informazione risveglia l'interesse, già abbastanza sveglio, di Suor Rosa.

SUOR ROSA   Ah, sí? (*A Manuela*) Hai sue notizie?
MANUELA   Sono piú di diciotto anni che non la vedo.

AGRADO   A me ha svaligiato la casa.

Manuela con un'occhiata ordina ad Agrado di non aggiungere altro. Agrado la coglie al volo e resta muta e mostruosa, dentro il suo finto Chanel.

SUOR ROSA (*preoccupata*)   È stata qui, saranno... (*pensa*) circa quattro mesi. L'abbiamo aiutata a disintossicarsi. Io l'ho curata quando aveva la scimmia, ma poi è scomparsa dalla sera alla mattina. Se la vedete ditele che mi piacerebbe salutarla, prima di partire per il Salvador.
AGRADO (*attratta*)   Va in Salvador?
SUOR ROSA   Sí.
AGRADO   Quasi quasi verrei anch'io... Ho sempre pensato che nel Terzo Mondo piacerei un casino!
SUOR ROSA   Dài, allora (*lo dice seria*), cosí non vado da sola.

Manuela non riesce a credere che la Suora parli seriamente.

AGRADO   Da queste parti la strada è sempre peggio, sorella! E come se non bastasse la concorrenza delle puttane, adesso ci sono anche le *drags* che fanno piazza pulita. Non le reggo le drags! Hanno confuso il travestitismo con il circo, altro che circo! pagliacci! Una donna è capelli, unghie, belle labbra per fare pompini o per spettegolare. Dove s'è mai vista una donna calva? Non le reggo! Sono dei buffoni!

Manuela e la Suora trovano molto divertente il discorso anti-drags di Agrado.

SUOR ROSA   In Salvador non credo ci siano molte drags, ma sono in piena guerriglia...
AGRADO (*delusa*)   Ah, sí?
SUOR ROSA (*seria*)   Io vado a sostituire alcune suore che sono state assassinate...

Agrado non pare piú tanto convinta.

AGRADO   Non saprei... se adesso mi andrebbe proprio bene una guerriglia.
MANUELA   Agrado, sei sempre la solita...
SUOR ROSA (*a Manuela*)   E allora, tu hai anche fatto la cuoca.
MANUELA   Sí.
AGRADO   Lei? È la migliore.

43. Barcellona. Portone della casa dei genitori di Suor Rosa. *Esterno giorno*.

Un'ora dopo.
Suor Rosa e Manuela suonano al portone di un elegante edificio della città. La facciata è coperta da una decorazione bellissima, interrotta da grandi e nobili balconi. Manuela porta ancora il vestito aderente che le ha prestato Agrado. Non ha avuto tempo di passare da casa. Si sente lo scatto del portone automatico ed entrano.

44. Pianerottolo della casa dei genitori di Suor Rosa. *Interno giorno*.

L'interno è ancora piú spettacolare della facciata. Le pareti dell'atrio sfoggiano un elaborato disegno che combina decorazioni e mosaici in rilievo. È originale addirittura per Barcellona.

Manuela e Suor Rosa salgono le scale. Si apre la porta di uno degli appartamenti prima che loro suonino. Appare la Madre di Rosa.

MADRE   Che sorpresa!

È contenta di vedere sua figlia, ma non le va che sia accompagnata. Dissimula la delusione con un sorriso cui non crede nemmeno lei.

SUOR ROSA   Ti abbiamo interrotta?
MADRE   Non importa. Per una volta che ci vieni a trovare...

La Madre stava dipingendo un quadro a olio. Indossa la sua uniforme da pittrice, un vestito a due pezzi, sobrio e comodo.

Madre e figlia si salutano con un bacio.

SUOR ROSA   Mamma, questa è Manuela.

Alla Madre s'inacidisce l'espressione, benché in realtà continui a sorridere.

MANUELA   Come va, signora?
MADRE   Piacere. Entrate, non state sulla porta.

Manuela si sente a disagio nonostante l'invito. Per come la Madre evita di guardarla, si pente di non essere prima passata da casa a cambiarsi.

45. Casa dei genitori di Suor Rosa. *Interno giorno*.

Nell'ingresso, un buffo piedistallo modernista contrasta con la sobrietà della Madre. I mobili sono semplici e moderni ed equilibrano il manierismo esasperato dell'architettura interna. La Madre è in piedi, nell'ingresso, con un atteggiamento tutt'altro che invitante. È tanto educata quanto falsa.

SUOR ROSA   Mamma, Manuela è una cuoca straordinaria. Dato che Florinda se n'è andata, ho pensato che...

MADRE (*la interrompe*) Grazie, tesoro. Tra Vicenta e me ce la caviamo, per ora... (*A Manuela*) Grazie!
SUOR ROSA Ma se papà ha bisogno di due persone solo per lui! A proposito, dov'è?
MADRE Fuori, con il cane.
SUOR ROSA Da solo?... E se si perde?
MADRE Nel quartiere lo conoscono tutti. E poi ti ho già detto che è con il cane, e il cane conosce la strada, non ti preoccupare.
SUOR ROSA (*delusa*) Avevo molta voglia di vederli.

Si riferisce al Padre e al cane.

MADRE (*spazientita*) Poi usciamo a cercarli, se vuoi, ma prima dobbiamo parlare. Vieni nel mio studio! (*A Manuela, con falsa gentilezza*) Mi spiace che mia figlia l'abbia fatta venire fin qui per niente...
SUOR ROSA (*insiste, delusa*) Prendila in prova per qualche giorno! Non dovrai nemmeno preoccuparti per papà, Manuela è infermiera...
MADRE (*beffarda*) Oltre che cuoca?
SUOR ROSA Sí, potrebbe controllare la cura e l'alimentazione...

La Madre inizia a perdere la pazienza. Sempre nei limiti delle buone maniere.

MADRE Non ho bisogno di nessuno per badare a tuo padre. Preferisco farlo io.
MANUELA Bene, allora vado. Grazie comunque, signora.
MADRE Arrivederci.
SUOR ROSA Aspettami qui. Ci metto un attimo.

Manuela fa un timido cenno d'assenso.

Suor Rosa scompare con la Madre attraverso un corridoio. Manuela ammira una splendida poltrona senza osare sedersi.

46. Casa dei genitori di Suor Rosa. Salone. *Interno giorno*.

Dopo aver attraversato il corridoio pieno di quadri di grandi pittori, Madre e figlia entrano in un ampio salone con colonne e archi di sapore arabo, a metà tra Minnelli e il modernismo catalano piú capriccioso. È evidente che la casa, in un'altra epoca, è stata abitata da inquilini molto diversi da quelli attuali.

Un'enorme vetrata comunica con una splendida veranda. La Madre la utilizza come laboratorio di pittura. In quel momento sta terminando una copia di Chagall. Impossibile distinguere la copia dall'originale. Ciò spiega la superba pinacoteca del corridoio. La Madre è un'ottima falsaria.
Appesi o sul pavimento si trovano molti altri falsi. Barocchi italiani, madonne, nature morte del secolo scorso, e anche qualche Picasso, l'autore piú semplice da copiare ma impossibile da vendere per via degli eredi. Peccato.

La Madre non nasconde il suo disappunto, da sola con la figlia è molto piú diretta.

MADRE (*protesta*) Come osi portarmi una puttana in casa?
SUOR ROSA Non è facile trovare del personale per voi, mamma. Nessuno vi sopporta.

Suor Rosa è risentita per il modo in cui la Madre ha trattato Manuela.

MADRE (*borbotta*) Ma una puttana!...
SUOR ROSA Questo non ti dà il diritto di essere scortese con lei.

La Madre si avvicina al cavalletto e finisce di pulire i pennelli.

MADRE   Non mi piace che un'estranea mi veda a falsificare Chagall. È cosí difficile da capire, Rosa?
SUOR ROSA   Comunque, Manuela non è piú una puttana. Ha smesso.
MADRE   Da quanto la conosci?
SUOR ROSA   Da... stamattina...

Posa i pennelli e si siede accanto a Rosa.

MADRE   Stamattina! (*Si porta le mani alla testa, ma si riprende immediatamente*) Sei incredibile, Rosa!
SUOR ROSA   Mamma, il mio lavoro è aiutare la gente, anche se la conosco appena.
MADRE   Il mio no... ma questo non significa che sia intollerante... (*Pausa di riflessione*). Rosa, ti propongo uno scambio.
SUOR ROSA   Uno scambio?
MADRE   Sono disposta a dare un'opportunità a quella donna (*lo dice come se invece di un'opportunità stesse per darle uno schiaffo*), benché sia un'estranea, se tu non te ne vai in Salvador.
SUOR ROSA   Mamma, non crearmi altri dubbi. Ne ho già abbastanza!
MADRE   Come puoi non avere dubbi! Questo viaggio è un suicidio, anzi, un parricidio!
SUOR ROSA (*senza discutere*)   Bene, adesso vado, Manuela mi sta aspettando...
MADRE (*indignata*)   Ecco! Qualsiasi puttana, qualsiasi salvadoreño sono piú importanti di tua madre e tuo padre!...
SUOR ROSA (*paziente*)   Non cominciare, mamma.
MADRE   Invece di andare in Salvador dovresti andare da uno psichiatra.
SUOR ROSA   Farebbe bene a tutt'e due.

Si avvicina e le dà un bacio.

Le due donne si concedono una triste tregua. Le ostilità vengono sostituite dalla solita incomunicabilità.

SUOR ROSA   Ciao, mamma.
MADRE (*piú dolce*)   Non volevi vedere tuo padre e il cane?
SUOR ROSA   Un'altra volta.

Suor Rosa esce dalla stanza, depressa. La Madre la guarda mentre si allontana, preoccupata.

(La Madre è uno strano tipo, un'artista dotata di una tecnica straordinaria che ha deciso, invece di inventare, di copiare le opere che le piacciono e di venderle come copie. Di bell'aspetto, nonostante una relativa grettezza, un tempo progressista, ha tra i cinquanta e i sessant'anni. La vera passione della sua vita è il marito, il Padre di Rosa. Un avvocato in pensione, ancora attraente a quasi ottant'anni).

47. Casa dei genitori di Suor Rosa. *Interno giorno*.

Rosa entra nel bellissimo ingresso, cerca impaziente Manuela, ma lei non c'è.

48. Casa dei genitori di Suor Rosa. *Interno giorno*.

Suor Rosa scende le scale.
Su un pianerottolo incontra Vicenta, la governante di tutta la vita, di ritorno dopo aver fatto la spesa. La donna è molto contenta di vedere Rosa. Si scambiano baci.

VICENTA   Rosa, tesoro, come sei magra! Ma mangi?
SUOR ROSA   Sí, sí, mangio... hai visto una ragazza bionda nell'androne?
VICENTA   No.

SUOR ROSA   A presto.
VICENTA   Riguardati, e mangia!

Ma Suor Rosa è già quasi in strada.

49. Portone di casa dei genitori di Suor Rosa. *Esterno giorno*.

Cerca inquieta Manuela con lo sguardo. Alla fine la trova a pochi metri da lí, seduta nel dehors di un bar. Manuela è assorta nella lettura di un giornale. È aperto sulla pagina degli spettacoli. Legge impietrita un annuncio della Compagnia di Huma Rojo. Da due settimane Huma trionfa al Teatro Tivoli di Barcellona con l'adattamento del *Tram*.
Suor Rosa le si avvicina, desolata. Manuela non la vede, né la sente.

SUOR ROSA   Mi dispiace molto, Manuela.

I pensieri di Manuela sono molto lontani da quel luogo.

MANUELA   Non ha importanza.

Vuole dire che ormai piú niente può scalfirla.
Il rumore del traffico è assordante.

SUOR ROSA   Ce ne andiamo?

50. Strada di Barcellona. *Esterno giorno*.

La Suora e Manuela camminano senza meta per una zona popolare. Edifici di cemento ai quali la trascuratezza dà un tocco magico. Alte palme, gente in canottiera affacciata alla finestra. La zona possiede la pigra allegria dell'Avana.

Mentre su una panchina cinque massaie, vecchie e grasse, aspettano indolenti che il giorno svanisca, bambini e bambine di colore (dominicani e africani) saltano la corda. L'immagine è di una vitalità esplosiva.

SUOR ROSA (*spiega*)   Non sopporto mia madre. Mi fa stare male. (*In effetti, è pallida*). Tu non hai i genitori?
MANUELA   Sono morti.
SUOR ROSA (*grave*)   Dunque sei sola.

(Si direbbe che le faccia quasi piacere).

MANUELA (*indifferente*)   Sí... direi di sí. Ehi, che brutta faccia...
SUOR ROSA   Non mi sento bene, ho voglia di vomitare!

Si siedono su una delle panchine, accanto a due o tre negrette che guardano Suor Rosa con grande curiosità.
Non fa a tempo a sedersi, che Suor Rosa si piega in un conato. E vomita. Manuela la tiene per la schiena, ogni volta che Rosa si china. Le dà un fazzolettino per pulirsi la bocca.

MANUELA   Hai problemi di stomaco?
SUOR ROSA   Ultimamente sí...
MANUELA   Sei stata da un medico?
SUOR ROSA   No.
MANUELA   Ci dovresti andare. Magari è una semplice gastrite.
SUOR ROSA   Ti spiace se vengo da te, finché non mi passa?

Manuela esita, sconcertata.

SUOR ROSA (*sfinita*)   A proposito, ce l'hai una casa?
MANUELA   Sí. Ne ho affittata una, ma è praticamente senza mobili.

51. Barcellona. Casa di Manuela. *Interno giorno*.

Vuota e pulita. L'appartamento affittato da Manuela è antico e spazioso, con solo il necessario perché una persona ci possa vivere. Manuela ha appena avuto il tempo di fare pulizia. Le pareti conservano una tappezzeria anni Settanta che adesso sembrerebbe moderna. Il pavimento è un'esibizione di diversi modelli di piastrelle, dai colori pallidi. È anacronistico, ma l'atmosfera è accogliente. I pochi mobili (un divano, una poltrona e un tavolino, poco di piú) indicano buongusto, benché siano di seconda mano.
Manuela non vede l'ora di togliersi il vestito di Agrado. Suor Rosa si siede sul sofà. Manuela va in camera sua.

MANUELA   Sdraiati sul mio letto, se vuoi.
SUOR ROSA   No, va bene il divano. Resto solo un momento, finché mi passa.

La casa le piace, nonostante la sua precarietà.
In soggiorno ci sono ancora scatoloni da sistemare. Su un tavolino (accanto al divano), alcune cose di Esteban ammucchiate provvisoriamente, il libro di Capote, il taccuino e una fotografia incorniciata. Suor Rosa prende la foto e chiede chi è.

SUOR ROSA   Chi è questo bel ragazzo?
MANUELA (*da camera sua*)   Esteban, mio figlio.

La Suora guarda il ragazzo con simpatia.

SUOR ROSA   Esteban?... Credevo fossi sola.
MANUELA   È morto in un incidente...
SUOR ROSA (*sincera*)   Oh, mi dispiace.

Manuela è sempre in camera sua, non la può vedere, ma intuisce perfettamente ciò che in quel momento ha catturato l'attenzione di Suor Rosa.

La Suora nota il malandato taccuino di Esteban. Sta per prenderlo, senza l'intenzione di leggerlo, ma viene interrotta dalla voce di Manuela, che proviene dalla stanza.

MANUELA   Non aprire il taccuino, per favore.

Suor Rosa ha un sussulto e si volta verso la porta della camera, dietro di lei, impressionata dalle doti intuitive della donna. Resta a guardare la copertina del taccuino, grave, senza toccarlo.

Primissimo piano del taccuino, sporco, eternamente umido, si fonde con l'immagine successiva. Quella della facciata del Teatro Tivoli.

52. Barcellona. Facciata del Teatro Tivoli. *Esterno notte*.

Sulla facciata del Tivoli, perfettamente simmetrica, c'è una piccola tettoia disseminata di lampadine accese, tipiche del varietà. Manuela compra il biglietto alla cassa. Ai due lati dell'ingresso vediamo la medesima foto del viso di Huma Rojo, come quella che copriva la facciata del teatro a Madrid, ma leggermente piú piccola.

La ripresa, che si fonde con il primo piano del taccuino della sequenza precedente, va fatta con una gru, mossa dall'alto verso il basso. Sullo stesso piano si vedono le luci delle lampadine, il volto, gli occhi e la bocca di Huma Rojo, testimone incosciente di tutto, e, piú in basso, Manuela, con le palpebre gonfie e arrossate, i capelli sobriamente raccolti, mentre fa il biglietto alla cassa. Tutto allo stesso tempo, tenendo come supporto il taccuino sporco di Esteban della sequenza precedente.

Manuela, di profilo, ritira il biglietto per vedere (sempre che ci riesca) la commedia. In ogni caso, vuole esserci. Pensa al Teatro Bellas Artes di Madrid, scenario dell'ultimo appuntamento con il figlio, non può farne a meno. Immagina Esteban mentre le corre incontro, attraversando la strada, senza badare alle auto.

Dalla biglietteria (gli occhi spenti, chiaramente fissi sull'Aldilà), Manuela guarda il marciapiede di fronte. Cerca suo figlio. E lo trova, che la osserva attentamente mentre finisce di scrivere qualcosa sul taccuino. Il ricordo è tanto vivido da sembrare un'allucinazione. (Quando Esteban vide sua madre passeggiare e confondersi con il volto di Huma ebbe un'idea, l'ultima della sua vita: come Eva Harrington, sua madre si sarebbe piú tardi infilata nel camerino di Huma per diventare una presenza imprescindibile per l'attrice).

Stacco.

53. Teatro Tivoli. Sul palcoscenico e tra il pubblico. *Interno notte*.

Manuela è seduta in sala, tra il pubblico. Accanto a lei una poltrona vuota ricorda inevitabilmente Esteban.

Primissimo piano di Manuela di spalle, sul fondo si vede il palcoscenico. La testa di Manuela occupa la metà del piano nascondendo di conseguenza l'azione che si svolge su quella metà del palcoscenico, la metà di sinistra. Si sente solo la voce di Kowalski («Dài, piccola. Il peggio è passato») e quella di Stella («Non toccarmi, non provare piú a toccarmi, figlio di puttana»): Stella si dirige verso la destra del palco, sembra che esca dalla testa di Manuela, anche Kowalski, come se Manuela li immaginasse e li proiettasse sul palcoscenico.

KOWALSKI   Stai attenta!... Stella! Vieni qui!

Stella tiene il suo bambino tra le braccia. Si volta, con uno sguardo triste dice addio alla casa. Stringe il piccolo contro il petto in cerca di un appoggio. Mormora, decisa:
– Non tornerò mai piú in questa casa. Mai piú!
Per sottolinearlo dà un bacio al bambino ed esce.

KOWALSKI   Stella! Stella!

In platea il pubblico applaude. Manuela applaude e piange.

Stacco.

54. Teatro Tivoli. Bagno. *Interno notte*.

Primo piano sulla borsa di Manuela aperta, senza mostrare la mensola su cui è appoggiata. Si nota solo la mano di Manuela afferrare un pacchetto di fazzolettini. Sepolto al fondo della borsa, Esteban le sorride da una fotografia.
Manuela si asciuga gli occhi, di fronte allo specchio del bagno delle donne.

55. Teatro Tivoli. Corridoio 1. *Interno notte*.

Quando Manuela esce dal bagno, il teatro è deserto. Sul muro, un cartello e una freccia indicano i camerini. Da lí giunge Nina Cruz, la giovane attrice che interpreta Stella, dimagrita rispetto a Madrid e con l'espressione ancora piú ostile. Passa accanto a Manuela senza vederla, ancora con i capelli bagnati. Manuela resta a guardarla senza nascondersi. Le viene in mente l'espressione della ragazza mentre ordinava al tassista di partire, e mentre Esteban batteva contro il finestrino bagnato dell'auto. Il ricordo le indurisce l'espressione del volto. Torna a guardare la freccia che indica i camerini. Senza pensarci, prende quella direzione.

Manuela non ha in mente nessun piano. Pensa solo a suo figlio. È Esteban a comandarla dall'Aldilà. O dovunque sia. E lei si lascia trasportare.

56. Teatro Tivoli. Corridoio 2. *Interno notte*.

Manuela percorre un lungo corridoio. Una linea bianca, dipinta a un metro dal pavimento, divide in due la parete. Si ha l'impressione che la linea bianca attragga Manuela come una calamita, trascinandola verso la porta socchiusa del camerino di Huma Rojo. Manuela si affaccia, spinge leggermente la porta. Prima di poter guardare dentro, sente la voce di Huma che le ordina di entrare.

VOCE FUORI CAMPO DI HUMA   Entra!

57. Teatro Tivoli. Camerino di Huma. *Interno notte*.

Manuela apre ed entra in punta di piedi. Con lo sguardo esamina l'interno del camerino, pieno di fotografie di diverse interpretazioni della diva. Huma dimostra di possedere mille volti, ma la sua voce è unica. E questa voce giunge a Manuela da un piccolo bagno che si trova all'interno del camerino.

HUMA   Entra, Nina.
MANUELA   Non sono Nina. Sono Manuela.

Huma esce dal bagno, in vestaglia, e mezza struccata.

HUMA Manuela?... Lei non può stare qui!
MANUELA (*tranquilla*) Nina se n'è andata.
HUMA (*in ansia*) Cosa?

Prima che Manuela possa dire una parola, Huma esce dal camerino e vola verso quello della collega, dubitando e temendo allo stesso modo che Manuela abbia ragione.

58. Teatro Tivoli. Corridoio 2. *Interno notte*.

Il camerino di Nina è vuoto. Huma incontra qualche ammiratrice ostinata, che cerca di congratularsi con lei, ma è troppo agitata.

HUMA Mi lasci in pace!

E torna al suo camerino.

59. Teatro Tivoli. Camerino di Huma. *Interno notte*.

Manuela è sempre lí, accanto alla porta. Huma torna, addolorata. Manuela non si muove. Avverte il dolore e il turbamento che dominano l'attrice. Intuisce che la sua partecipazione, anche se non richiesta, non è ancora terminata. E resta in piedi, in qualità di spettatore d'eccezione.

HUMA Dov'è Nina?

Glielo chiede con la stessa violenza con cui lo domanderebbe a Nina.

MANUELA Non lo so... l'ho solo vista uscire, correndo, aveva ancora i capelli bagnati.

HUMA (*affranta*)   Mi aveva detto che mi avrebbe aspettata nel suo camerino! (*Geme*) Non è possibile... Sono solo due settimane... Non può farmi questo!

L'attrice scoppia in lacrime. Qualcuno della compagnia passa per il corridoio, Manuela decide di chiudere la porta affinché non la vedano piangere. Lei resta dentro. Nessuna delle due parla. Huma dà un tiro a una sigaretta. Cerca una via d'uscita alla situazione.

HUMA (*a Manuela*)   Hai la macchina?

Manuela comprende perfettamente l'impulsività di una donna disperata.

MANUELA   No. Dove vuole andare?
HUMA   Non lo so. Sai guidare?
MANUELA   Sí...

60. Barcellona. Parcheggio. *Interno notte*.

Tra file di auto parcheggiate, Huma e Manuela cercano quella dell'attrice. Huma indossa un vestito lungo e una mantella, di quelle che permettono di far uscire le mani all'altezza dei fianchi. La mantella è un omaggio a Gena Rowlands, in *La sera della prima*.

HUMA   Resti tra noi, ma Nina ha problemi con l'ero. Non conosco Barcellona... tu sai dove si sia potuta ficcare a quest'ora?
MANUELA   No, ma non sarà difficile scoprirlo.

Huma cita una frase del *Tram*, facendo sua l'infinita fragilità (e riconoscenza) di Blanche.

HUMA   Grazie. Chiunque tu sia, ho sempre confidato nella bontà degli sconosciuti.

Manuela sorride grata, le fa piacere che Huma abbia interpretato quella frase solo per lei.

61. Barcellona. Auto di Huma. *Esterno notte*.

Escono con l'auto dal parcheggio. Guida Manuela. Appoggia la borsa accanto a sé.

HUMA (*mormora*)   Io non so guidare. È Nina che guida...

Huma accende una sigaretta, con due boccate profonde riempie di fumo l'abitacolo.

HUMA   Ho iniziato a fumare per colpa di Bette Davis. Per imitarla. A diciott'anni fumavo già come un carrettiere. Per questo mi faccio chiamare Huma.
MANUELA   È un nome molto bello...
HUMA   Il fumo è l'unica cosa che ho avuto nella vita.
MANUELA   Ha avuto anche il successo.
HUMA   Il successo non ha sapore, né odore, e quando ti ci abitui è come se non esistesse piú. Dio mio, dove si sarà cacciata quella ragazza?

62 e 62-A. Auto di Huma. Spaccio per strada. *Esterno notte*.

L'auto di Huma percorre la strada che arriva all'Arco di Trionfo. Prospettive dall'auto.
Huma scruta le facce dei passanti che pullulano attorno agli spacciatori come mosche sul miele.
Nella stessa prospettiva, dall'auto, Manuela raggiunge il gruppo di tossici. Huma non può sentire cosa dicono ma dai gesti dei drogati è evidente che Manuela si sta informando su altre zone di spaccio.

62-B. Barcellona. Plaza Real e Ramblas. Dentro e fuori dall'auto. *Esterno notte*.

Il posacenere dell'auto trabocca di cicche.
Portici della Plaza Real, all'angolo con le Ramblas. Tra gli archi appare l'auto di Huma, si ferma al semaforo. Dall'abitacolo le due donne guardano verso il fondo della piazza. Credono di aver visto Nina in mezzo a un gruppetto di due o tre tossici. Ne sono sicure. Sí. È proprio Nina. Manuela suggerisce a Huma di restare in macchina, se ne occuperà lei.

63 e 64. Plaza Real. Auto di Huma e spaccio. *Esterno notte*.

Manuela esce dall'auto tra quegli zombi (alcuni iperattivi, altri completamente fatti) fino ad arrivare alle spalle di Nina. La ragazza sta contrattando, è con due uomini e una donna, tutti molto fatti, specialmente la donna, al punto che sembra debba cadere da un momento all'altro, ma non cade mai. Si lamentano di un pusher che li ha fregati.

TIPO È un figlio di puttana, lo sta mettendo nel culo a tutti.
NINA Certo, figurati con me, che non sono di qui.

Manuela si avvicina da dietro, la chiama, ma Nina non la sente. Le dà un colpetto sulla spalla. Nina si volta come una belva.

NINA Ehi, cosa tocchi!
MANUELA (*dura*) Huma ti sta aspettando.

Fa un cenno verso il punto dove si vede il muso dell'auto, con Huma dentro.

NINA E tu chi cazzo sei?
MANUELA (*con un gesto*) Dài, non farla aspettare!

Nina la fulmina con lo sguardo e si allontana. Manuela resta lí, i due si defilano, non si fidano di lei ma la tossica è talmente fatta che non si muove. Ha uno spinello appiccicato al labbro.

RAGAZZA TOSSICA (*offre, a casaccio*) C'ho di tutto...

Manuela vede Nina che sale in auto, e che senza dire una parola a Huma mette in moto. È allora che le viene in mente.

MANUELA Cazzo, la borsa!

L'ha lasciata nell'auto.

RAGAZZA TOSSICA C'ho anche la borsa (*le offre la sua*), ecstasy, coca...

65. Casa di Manuela. Mattina. *Interno giorno*.

La foto incorniciata di Esteban (sul comodino) vigila il sonno di Manuela.
La sveglia il campanello. Si alza. S'infila una vestaglia e va ad aprire. Forse è Huma che è venuta a restituirle la borsa. Apre la porta, ma non è Huma, è Suor Rosa.
Manuela la fa entrare.

SUOR ROSA Sei sola?
MANUELA Sí. Mi sono appena svegliata.
SUOR ROSA Hai fatto tardi?
MANUELA Ieri sera sono uscita e chissà che ora ho fatto... vuoi fare colazione con me?

66. Casa di Manuela. Cucina. *Interno giorno*.

Entrano in cucina.

SUOR ROSA   No, grazie. Cosí sei tornata sulla strada... proprio adesso che volevo proporti un modo di guadagnare soldi senza muoverti da casa.
MANUELA   E tu proponimelo!... non sono una puttana, non lo sono mai stata.

Manuela prepara un vassoio con la colazione, se può chiamarsi colazione un piccolo cartone di latte vitaminizzato, e qualche biscotto dei piú comuni.

SUOR ROSA   Perché mi hai mentito?
MANUELA   È stata un'idea di Agrado, anche il vestito era suo. E adesso dimmi come posso guadagnare qualche soldo senza muovermi di qui. Muoio dalla curiosità.

Passano dalla cucina al soggiorno dove c'è un divano a due posti.

SUOR ROSA   Quanto mi faresti pagare per l'affitto di una stanza?
MANUELA   Affittarti una stanza? E per quale motivo?
SUOR ROSA   Ho intenzione di lasciare le mie consorelle per qualche mese.

Manuela posa il vassoio sul tavolino di fronte al divano.
Si siedono.

67. Casa di Manuela. Soggiorno. *Interno giorno*.

Manuela apre il cartone di latte e ne beve un sorso.

MANUELA   E il viaggio in Salvador?

SUOR ROSA   Non sto bene (*è evidente*). Non posso viaggiare in queste condizioni.
MANUELA   Continuo a non capire perché vuoi sistemarti qui, se oltretutto sei malata...
SUOR ROSA   Sono incinta...

Silenzio. Si sente solo il frantumarsi del biscotto (mentre viene masticato) nella bocca di Manuela. Le accarezza la mano in segno di solidarietà.

MANUELA   Incinta! E cosa pensi di fare?
SUOR ROSA   Tenerlo, che vuoi che faccia?... Pensavo che qui, a casa tua, avrebbe dato meno scandalo.

Manuela rifiuta l'idea. Quella pasticciona le piace molto, ma conosce se stessa e sa bene che se si lascia andare finirà per adottarla e le dedicherà tutta la sua vita.

MANUELA   Il padre, non ti può dare una mano?
SUOR ROSA (*si lamenta*)   Il padre! Dio solo sa dov'è!
MANUELA   Ma almeno saprai chi è, immagino.
SUOR ROSA   Certo. Per chi mi prendi?

Manuela la guarda inquisitoria. Si porta un biscotto alla bocca. È tutta orecchi.

SUOR ROSA   È stata la tua compaesana, Lola la Pioniera.
MANUELA (*non può gridare perché ha la bocca piena di biscotti*)   Lola?!... Quella gran figlia di puttana!

La Suora non capisce una reazione cosí forte.

SUOR ROSA (*stupita*)   Ma che ti prende, Manuela?
MANUELA (*con ancora parte del biscotto in bocca*)   Che mi prende? (*S'interrompe*)... Di quanto sei?
SUOR ROSA   Di tre mesi, credo... sono molto preoccupata...
MANUELA   Preoccupata?... Non mi sorprende!
SUOR ROSA   Questa mattina ho avuto una perdita...

MANUELA Sei andata da un medico?
SUOR ROSA Vado domani dal ginecologo dell'Ospedale del Mar, volevo chiederti se potevi accompagnarmi.
MANUELA Sí, certamente.
SUOR ROSA Grazie... e per l'affitto?
MANUELA Mi dispiace, non puoi fermarti qui.

68. Teatro Tivoli. *Esterno e interno*.

A. Manuela giunge davanti alla facciata del teatro. Entra dall'ingresso riservato agli Artisti.

B. Corridoio. Percorre il corridoio dei camerini. Bussa al camerino di Huma.

69. Teatro Tivoli. Camerino di Huma. *Interno pomeriggio*.

Huma si prepara per lo spettacolo. La porta è chiusa, ma non a chiave. Manuela apre appena da poter affacciare la testa. Huma è contenta di vederla.

MANUELA Buonasera. Disturbo?
HUMA Ciao!... Entra!... ti stavo aspettando. Non sapevo dove mandarti la borsa... È lí!

In effetti, la borsa si trova bene in vista. Manuela si avvicina e l'afferra. La apre, e di nuovo la foto del figlio le sorride dall'interno.

HUMA C'è tutto?
MANUELA Sí.
HUMA Grazie per ieri sera. Mi piacerebbe restare a parlare con te, ma adesso non ho tempo.
MANUELA Ti posso aiutare?
HUMA Sí, per favore. Allacciami 'sti maledetti bot-

toni! Gli stilisti non pensano che una donna, prima di vestirsi, può anche essere sola!

Huma indossa un vestito di John Galliano, color vinaccia, ispirato agli anni Cinquanta, con una fila di bottoncini sulle maniche (fino al gomito).
Manuela l'aiuta ad abbottonarli. Le due donne si trovano l'una di fronte all'altra e quasi si sfiorano. Forte sensazione di intimità.

HUMA   Com'è già che ti chiami?
MANUELA   Manuela.
HUMA   Manuela, ti piacerebbe lavorare per me?
MANUELA   Per fare cosa?
HUMA   Di tutto.

Manuela si scosta da Huma e interrompe quello che stava facendo.

HUMA (*sorride*)   Di tutto, tranne andare a letto insieme. Ho già i miei problemi con Nina.

Manuela sorride e finisce di allacciare i bottoni che restano. Huma cerca su un ripiano alcuni anelli da indossare.

MANUELA   A dire il vero sto cercando lavoro...
HUMA (*la interrompe*)   Ho bisogno di un'assistente personale. Qualcuno di cui mi possa fidare.
MANUELA   Ma se non mi conosci.
HUMA   L'esperienza di ieri mi sembra sufficiente.
MANUELA   Ma Nina mi odia.
HUMA   Nina odia il mondo intero, inclusa lei e me.
MANUELA (*fa un cenno d'assenso*)   Va bene... quando posso cominciare?
HUMA   Anche subito, se puoi.
MANUELA   D'accordo.

Huma, uscendo:

huma   Chiedi a Nina cosa vuole per cena. Per me solo un'insalata di Cal Pinxo.

Manuela annuisce.

manuela   Qualcos'altro?
huma   Frittelle di merluzzo. Ah, se riuscissi a procurarmi un ansiolitico per Nina. Oggi è un po' nervosa...
manuela   Ho del Lexotan.
huma   Perfetto!

Se ne va.

70. Barcellona. Ospedale del Mar. Barceloneta. Facciata. *Esterno e interno giorno.*

L'edificio di cristallo riflette il mare, le palme, e il continuo susseguirsi di onde e di gente. Si trova in piena Barceloneta.
Dalla strada, attraverso i vetri, si possono vedere i pazienti percorrere i corridoi ai piani superiori, che danno tutti verso la facciata. Assomiglia piú a un centro commerciale che a un ospedale. Al pianoterra ci sono negozi di souvenir, una pizzeria, un bar, eccetera. Invece di stonare, i negozi danno calore al luogo e lo rallegrano. Manuela e Suor Rosa entrano nel grande atrio.
Ambiente popolare, diversi malati, visitatori e clienti.

manuela   Sei a digiuno?
suor rosa (*è nervosa*)   Sí...

71. Ospedale del Mar. Sala d'aspetto. *Interno giorno.*

Sala d'aspetto. Circondata da donne di diverse etnie, età e ceto sociale. L'ambiente conferisce a tutte un'aria popolare. La stanza dà sul mare. Mediterraneo puro.

Un cartello sulla parete indica il reparto (Ostetricia).

MANUELA   Non dire nulla del padre.

Durante tutto il dialogo Manuela appare severa, a volte acida e ostile. E sempre coinvolta in ciò che dice. Chiunque direbbe che stia raccontando la *sua* storia e non quella di un'amica.

SUOR ROSA   Perché detesti tanto Lola?
MANUELA   Lola ha il peggio di un uomo e il peggio di una donna!... Ti racconto una storia. In Argentina avevo un'amica, al mio paese, che si sposò molto giovane. Dopo un anno il marito andò a lavorare a Parigi. Rimasero d'accordo che lui le avrebbe detto di raggiungerlo quando si fosse sistemato. Passarono due anni. Il marito mise da parte un po' di soldi e si trasferí a Barcellona per mettere su un bar. La mia amica lo raggiunse qui. Due anni non sono molto tempo, ma il marito era cambiato...
SUOR ROSA   E non l'amava piú...
MANUELA   Il cambiamento era soprattutto fisico. Il marito s'era fatto un paio di tette piú grandi di quelle di lei.
SUOR ROSA   Ah... già.
MANUELA   La mia amica era molto giovane, viveva in un Paese straniero e non conosceva nessuno. A parte le tette nuove, suo marito non era cambiato tanto. Finí dunque per accettarlo. Noi donne facciamo qualsiasi cosa pur di non restare sole.

Suor Rosa non sembra né stupita né scandalizzata.

SUOR ROSA   Noi donne siamo piú tolleranti, ma questo non è un difetto.
MANUELA   Siamo imbecilli... e un po' lesbiche! Senti come va a finire. La mia amica e-il-marito-con-le-tette aprono un chioschetto sulla spiaggia (*indica fuori con lo sguardo, esattamente verso la spiaggia di Barce-*

loneta). Proprio qui... Lui passava tutto il giorno fasciato in un bikini microscopico, facendosi tutti quelli che trovava, e a lei proibiva di portare la minigonna! Il giorno che usciva con un vestito troppo corto, o si metteva in due pezzi per fare il bagno, lui le piantava su un casino, quello stronzo! Come si può essere maschilisti con due tette simili!

Vengono interrotte dall'infermiera che compare sulla porta dell'ambulatorio. Senza guardarle in faccia, parla ad alta voce e con tono neutro.

INFERMIERA María Rosa Sans.

Suor Rosa e Manuela si alzano ed entrano in un piccolo studio.

72. Ospedale del Mar. Studio del ginecologo. *Interno giorno*.

Il ginecologo le invita a sedersi dall'altra parte della scrivania.

GINECOLOGO Chi di voi è la paziente?
MANUELA Lei.
SUOR ROSA (*timida*) Io.

Notando che Suor Rosa fa fatica a parlare, Manuela decide di farlo al posto suo. Si nota la sua familiarità con l'ambiente.

MANUELA Mia sorella è incinta. Secondo i nostri calcoli dev'essere di tre mesi. Questa è la sua prima visita.

Rosa non è sorpresa di essere trattata da sorella. E Manuela lo dice in un modo che non lascia adito a dubbi. Del resto, sembra tutto cosí normale.

suor rosa (*completa l'informazione*)   Sia ieri che oggi ho avuto delle perdite.
ginecologo (*a Rosa*)   Si metta sul lettino e si spogli dalla vita in giú.

Il medico le indica un angolo dello studio separato dal resto da un paravento. Rosa si alza e si dirige verso un lettino con delle staffe all'altezza dei piedi, per sostenere le gambe aperte. Guarda con apprensione.

Stacco.

Di nuovo alla scrivania. Suor Rosa raggiunge Manuela e il ginecologo. Mentre si siede finisce di abbottonarsi il vestito.
Il medico ha dei fogli davanti a sé.

ginecologo   Innanzitutto, dai risultati dell'ecografia, il feto sta bene...

Le due donne lo guardano attentamente.

ginecologo   Vivete insieme?
suor rosa   Sí.
manuela   No.
ginecologo   Decidetevi.
manuela   Lei vive con nostra madre, ma non le ha detto ancora niente.
ginecologo   Di solito ha la pressione alta?
suor rosa   Sí, sono ipertesa.
ginecologo (*riassume*)   C'è una minaccia d'aborto... deve muoversi il meno possibile...
suor rosa   Ma non posso lasciare il lavoro.
ginecologo   Il suo unico lavoro è starsene tranquilla e non fare piú sciocchezze. (*A Manuela*) Dica a sua madre di controllarle la pressione. Deve fare una dieta senza sale e riposare.
manuela   Glielo dirò.
ginecologo   È molto importante!

SUOR ROSA   Dottore, io lavoro con persone ad alto rischio. Vorrei che con le analisi mi facessero anche la prova dell'aids.

Il ginecologo annuisce.

GINECOLOGO   Dove lavora?

Prima che dica la verità, Manuela risponde per lei.

MANUELA   Assistente sociale.
GINECOLOGO   Tra quindici giorni potete venire a ritirare i risultati.

73. Ospedale del Mar. Corridoio. *Interno giorno*.

Solo una parete di vetro le separa dal Mediterraneo. Manuela e Suor Rosa camminano un po' a disagio lungo un corridoio da questa parte della vetrata, dall'interno si vedono vicinissime le cime delle palme. La presenza delle palme fa sicuramente in modo che i malati si sentano un po' meno malati.
Suor Rosa è pensierosa e muta. Manuela prova una sorta di complesso di colpa, ma non vuole farsi travolgere dalle circostanze. Non può in questo momento farsi condizionare la vita dalla ragazza incinta. Il dolore l'ha resa egoista, e piú cauta.

MANUELA   Rosa, devi dirlo a tua madre!... Hai bisogno di qualcuno che ti stia vicino...

Rosa procede a testa bassa e muta, cosciente che questa è la sua arma migliore. Non le costa alcuno sforzo, ma certamente ha paura.

MANUELA   Ieri ho trovato un lavoro, e sarò impegnata tutto il giorno. (*Rosa continua a stare in silenzio, come una bambina imbronciata, Manuela si ribella*)

Rosa! Mi stai chiedendo di essere tua madre e non ne hai nessun diritto! Tu hai già una madre, anche se non ti piace! I genitori non si scelgono! Sono quel che sono! (*All'improvviso Manuela abbraccia Rosa e la supplica, sul punto di piangere*) Rosa, perdio! Non mi fare dei ricatti, per favore!

L'abbraccio dura un attimo. Rosa continua a rimanere silenziosa. Le due donne si staccano e vanno verso l'uscita. Manuela prende Rosa per mano.

74. Teatro Tivoli. *Interno notte*.

Dalle quinte, Manuela contempla con partecipe attenzione una delle scene della pièce. A volte recita sottovoce le battute di Stella.

Quel che accade sulla scena, dal punto di vista di Manuela, tra le quinte: Huma è in piedi nello spazio che rappresenta il bagno. Una tenda trasparente la separa dall'altra stanza, dove ci sono due donne, Stella ed Eunice, la vicina.

Dalla platea la sua figura s'intravede al di là della tenda. Indossa un'elegante vestaglia (troppo elegante per il suo ceto sociale) e una cuffia, fatta con una calza, che le rimpicciolisce la testa. La cuffia serve da base per una parrucca, che pende da una delle sedie, accanto alle donne e alla valigia. L'aspetto di Blanche è maestoso. L'ovale del viso, senza capelli, la mette completamente a nudo. Maestosa e fragile, Huma Rojo va ben al di là del suo personaggio, Blanche Dubois. Risulta difficile credere che una donna con un carattere simile possa perdere la ragione. In effetti non l'ha persa, è stato Kowalski a portargliela via. Un Kowalski che, se gli si leva la pelle di Brando (Marlon senza volerlo, o di proposito, idealizzò il personaggio), diventa ciò che realmente è, un bastardo, maschilista, puzzolente e bugiardo. Un parassita dell'amore che Stella prova per lui.

Nella stanza di Blanche ci sono solo due sedie. Su una c'è una valigia, completamente aperta, come esplosa, dai cui bordi pendono dei vestiti. Questo disordine si deve a Stanley, che vi ha ficcato le sue manacce in cerca di documenti...
Stella ripiega alcuni vestiti e li ripone nella valigia. Eunice, l'invadente vicina, oltre che ascoltarla l'aiuta a mettere un po' in ordine.

STELLA Non so se ho fatto bene a chiamare la clinica.
EUNICE (*giustificandola*) Hai fatto quel che dovevi fare!
STELLA (*con rimorso*) È che... se le dessi retta, non potrei stare con Stanley...
EUNICE (*sicura*) Dunque, non darle retta. Quel che importa sono la vita tua e quella di tuo figlio!

Dalle quinte, Manuela muove le labbra, mimando le frasi di Stella. Questo «tram» trasporta troppi ricordi per lei.

STELLA E se mia sorella avesse detto la verità?

EUNICE Blanche? La povera Blanche non è in grado di dire nessuna verità.

Blanche apre la tenda del bagno, cercando disperatamente qualcosa con lo sguardo.

BLANCHE Dov'è il mio cuore?

75. Teatro Tivoli. Camerino di Huma. *Interno notte*.

Manuela ascolta la continuazione della scena attraverso gli altoparlanti, mentre prepara il tè a Huma.

Sul palcoscenico Stella sta spiegando a Eunice:

STELLA   Si riferisce al suo portagioie, è a forma di cuore.

Stella l'aiuta a cercarlo tra i vestiti sparsi per terra. Sotto a uno di essi è nascosto il portagioie.

STELLA   Eccolo.
BLANCHE (*angosciata, come una bambina*)   Ho bisogno di una spilla!

Il portagioie a forma di cuore è rosso e abbastanza grande.
Le due sorelle s'inginocchiano e frugano al suo interno. Stella soffre piú di sua sorella, anche se cerca di nasconderlo.

STELLA   Blanche, come si chiama l'uomo con cui hai appuntamento?
BLANCHE   Huntleigh... Non ha telefonato mentre ero in bagno?
STELLA   No.
BLANCHE   Che strano! Perché mi guardi cosí?... Sono proprio orrenda?
STELLA   Sei piú bella che mai, Blanche.

Blanche sceglie una collana.

BLANCHE (*ottimista, all'improvviso*)   Con questa collana sarò piú bella.

Si sente bussare alla porta della scena.

EUNICE   Eccolo, dev'essere l'uomo con cui hai l'appuntamento. Quanto sei fortunata. Andartene in vacanza, come t'invidio!

Blanche si alza sorridente e decisa.
Sulla porta l'aspettano il Dottore e l'Infermiera.

L'attende la Realtà, qualcosa a cui lei cerca di sfuggire con grande stile.

76. Teatro Tivoli. Camerino di Huma. *Interno sera*.

Due settimane piú tardi.
Primissimo piano della fiamma di un accendino mentre accende una sigaretta. Quando la sigaretta scompare, si mette a fuoco lo sfondo: una fotografia di Huma e Nina, attaccata allo specchio del camerino. E una di Bette Davis, avvolta in una nube di nicotina. Huma fuma nervosa, di fronte allo specchio. È seduta, pronta per andare in scena, truccata, vestita, eccetera.
Si sente fuori campo la voce del Direttore di scena, che dà la seconda chiamata.

DIRETTORE DI SCENA   Seconda. Mancano quindici minuti...

Bussa alla porta.

HUMA   Avanti!

Si alza e va verso la porta.

DIRETTORE DI SCENA   Non sono ancora arrivate?
HUMA   No. (*Isterica*) E chissà dove sono!... Io sono stata tutto il giorno in televisione... Non le ho viste!

Un rumore di passi affrettati anticipa l'apparizione di Manuela. Arriva senza fiato.

77. Teatro Tivoli. Camerino di Huma. *Interno sera*.

Il Direttore di scena e Huma l'assediano di domande.

DIRETTORE DI SCENA E Nina?
HUMA (*spaventata*) Non era con te?
MANUELA Sí... Ho dovuto lasciarla a casa, a letto.

Con uno sguardo penetrante ordina a Huma di stare al gioco e di non interromperla con domande troppo dirette. Si rivolge in particolare al Direttore di scena.

HUMA A letto?
DIRETTORE DI SCENA Cos'ha?
MANUELA Le ha fatto male la cena... Questa mattina era uno straccio...
HUMA Perché non m'hai detto niente, quando ho chiamato dalla televisione?...
MANUELA Non volevamo che t'innervosissi durante le registrazioni.
DIRETTORE DI SCENA L'ha vista un medico?
MANUELA Certo. Ha una gastroenterite... Le ho dato una limonata, come ha detto il medico. Domani starà meglio...

Manuela parla con tale convinzione che nessuno potrebbe sospettare che se lo stia inventando. Persino Huma le crede.

DIRETTORE DI SCENA (*a Huma*) Allora sospendiamo?...
MANUELA Vorrei parlare con Huma.
HUMA Va bene. (*Al Direttore di scena*) Aspetta fuori.

Il Direttore di scena le guarda un momento, alza la mano con le dita aperte.

DIRETTORE DI SCENA Cinque minuti.

Huma perde la pazienza e grida.

HUMA Sí! Cinque minuti!

Il Direttore di scena se ne va.

78. Teatro Tivoli. Camerino di Huma. *Interno sera*.

A Huma manca il tempo per fare domande.

HUMA Dimmi la verità!
MANUELA È fatta come una scimmia, non riesce neanche a parlare! È uscita non appena sei andata alla televisione... Non sapeva che io sarei venuta a casa vostra stamattina, pensava che sarei rimasta con te...
HUMA (*disperata*) E adesso che facciamo?
MANUELA Se non hai paura che ti venga un infarto, potrei sostituirla io.
HUMA Cosa?!
MANUELA Conosco la sua parte a memoria, l'ho ascoltata dagli altoparlanti.
HUMA Ma tu sai recitare?
MANUELA So mentire molto bene, e sono abituata a improvvisare.
HUMA Questo l'ho visto.
MANUELA Mio figlio diceva che ero un'ottima attrice.
HUMA Tuo figlio...? Non sapevo che avessi un figlio!

Le interrompe la voce del Direttore di scena, dal corridoio.

DIRETTORE DI SCENA Terza! Cinque minuti! (*Apre la porta del camerino ed entra*). Huma, cosa facciamo? Non possiamo aspettare ancora.

79. Teatro Tivoli. Sul palcoscenico. *Interno notte*.

Stacco.

Sul palcoscenico Kowalski, Blanche e Stella bevono seduti attorno a un tavolo. Al centro c'è una torta di compleanno. Stanno festeggiando qualcosa. Manuela interpreta Stella. Ha i capelli raccolti e disordinati. Si sente a suo agio sul palcoscenico. Nessuna tensione. Se non si ricorda le battute, le improvvisa, come faceva durante le simulazioni nei seminari delle Donazioni di Organi. Sotto il vestito porta una finta pancia da gravida, la bottarga.

KOWALSKI (*a Blanche*) Tieni, è il tuo regalo di compleanno.

Cerca nelle tasche dei pantaloni e le dà una busta. Blanche l'afferra trepidante. Ha bevuto un po'. Anche Kowalski.
Stella guarda il marito, mentre sta finendo di mangiare una fetta di torta.

KOWALSKI Spero che ti piaccia.

Blanche apre la busta. Il sorriso le si gela sulle labbra.

BLANCHE (*sconcertata*) Ma è...

Nella busta c'è un biglietto.

KOWALSKI Un biglietto dell'autobus, un biglietto di ritorno per martedí.
BLANCHE Mi stai... mandando via...?
KOWALSKI Tu cosa pensi?
STELLA-MANUELA (*lo riprende*) Stanley!

Blanche si alza dalla sedia, cerca di sorridere, come se si trattasse di uno scherzo, ma non può.
Scappa in camera sua. Stella la segue per qualche passo, ma si volta furibonda verso suo marito.

STELLA-MANUELA Perché le hai fatto questo?

Stella inizia a sentirsi male. Si tiene la finta pancia con una mano, e sente che qualcosa si muove dentro di lei.

KOWALSKI (*esplode*)   Sono stufo marcio di farmi insultare! Ne ho le palle piene di vedervi complottare alle mie spalle!

Ha la camicia aperta. Si alza e inizia ad abbottonarsi, pronto per uscire. Manuela si sente male, fortunatamente il suo malore coincide con quello di Stella.

STELLA-MANUELA (*supplica*)   Non andartene!

Il contatto con la finta pancia ha provocato in Manuela una regressione. Esteban è di nuovo dentro di lei. Palpita.

KOWALSKI   Invece sí. Lasciami!
STELLA-MANUELA   Aspetta, Stanley!

Kowalski travisa l'angoscia di sua moglie. Stella lo afferra per la camicia. Kowalski si gira verso la porta, Stella non cede, la camicia si strappa.

KOWALSKI   Lasciami, cazzo! Mi hai rotto la camicia!

Per allontanarla le dà una piccola spinta. Stella indietreggia di due o tre passi con un'espressione di dolore, e finisce seduta su una poltrona che si trova poco dietro di lei. Kowalski non sopporta quell'espressione terrorizzata, come se le avesse appena tirato un ceffone, mentre non l'ha quasi toccata.

Senza perdere di vista il personaggio di Stella, Manuela ha moltiplicato l'angoscia che Nina metteva in questa scena. La sorpresa favorisce anche la parte di Stanley. L'attore non è abituato a tanto realismo.

STELLA-MANUELA (*lo insulta, davvero sofferente*)   Sei un violento!

KOWALSKI Lo ero già quando ci siamo conosciuti. Ma ti ricordo che la mia brutalità non è mai stata un problema per te. (*Tenero, anche se Stella lo guarda furibonda*) Un giorno mi hai fatto vedere la foto di casa vostra, una splendida villa con tante colonne... Io t'ho portata via da quelle colonne, e ti ho insegnato a essere felice... E ci siamo divertiti, e siamo stati felici, finché non è comparsa tua sorella Blanche.

Stella scoppia in singhiozzi. Si afferra il ventre con le mani.

KOWALSKI (*smarrito*) Che cos'hai, Stella?

Stava per dire Manuela al posto di Stella.

STELLA-MANUELA (*tenendosi la pancia*) Portami all'ospedale...

Grida per il dolore. Kowalski la prende in braccio. Stella non smette di piangere. Non è il personaggio che piange, è Manuela, e non riesce a contenersi. Stanley la porta via dalla scena velocemente.

La scena resta improvvisamente deserta. La luce sopra i giocatori di poker è sempre accesa.
I gemiti incontrollati di Manuela si continuano a sentire sulla scena vuota. Gli spettatori esplodono in un applauso. In terza fila, Agrado applaude e piange, orgogliosa della sua amica.

80. Casa di Manuela. *Interno giorno*.

Il giorno dopo.
Suona il campanello. Manuela va ad aprire in vestaglia. È Suor Rosa, ha un'aria disfatta. Tiene in mano una borsetta. Manuela la fa entrare. La Suora si congratula con lei per l'exploit della notte precedente.

SUOR ROSA   Congratulazioni per ieri sera, mi hanno detto che sei stata bravissima.

Esausta, la Suora la segue dentro casa.

MANUELA   Non hai idea di come è stato! Peccato che non ci fossi!
SUOR ROSA   Non mi sentivo bene. Mi ha telefonato Agrado, per dirmelo, ma...
MANUELA   Deve aver telefonato a mezza Barcellona... E tu, come stai? Segui quello che ti ha detto il medico?

Entrano in soggiorno. La casa ha un aspetto piú accogliente. Suor Rosa estrae una busta dalla borsa.

SUOR ROSA   L'ho appena visto... Sono andata a ritirare le analisi.
MANUELA   Era oggi! Me n'ero dimenticata.

Rosa le porge la busta con gli esiti. Manuela li legge senza muoversi, in piedi, mentre Rosa si siede.
Manuela divora con lo sguardo i risultati. Sul viso le appare un'espressione di terrore. Guarda Rosa, inquisitoria.

SUOR ROSA   Sono sieropositiva...

Manuela accartoccia con rabbia il foglio delle analisi fino a farne una pallottola. Lo butta per terra con violenza e si avvicina a Rosa.

MANUELA   Ripeteremo le analisi!... (*Non riesce a controllarsi ed esplode*) Ma come hai potuto scopare con Lola! Non lo sapevi che si buca da quindici anni? (*Brutale, suo malgrado*) In che mondo credi di vivere, Rosa?

Suor Rosa inizia a piangere, impotente. A Manuela brillano gli occhi per la rabbia. Si siede sull'altra poltrona.

SUOR ROSA   ... Non lo so.

Suor Rosa parla come una bambina smarrita, Manuela non vuole sgridare lei, la sua furia è contro Lola. Guarda piangere Rosa, sommessamente, quasi in silenzio. E cambia tono.

MANUELA   Hai parlato con tua madre?
SUOR ROSA   No.
MANUELA   E con le tue consorelle?
SUOR ROSA   Nemmeno.

Si avvicina a Rosa. Per stare alla sua altezza Manuela si deve inginocchiare di fronte a lei. L'abbraccia.

MANUELA   Va bene, andiamo a prendere le tue cose e ti sistemi qui.
SUOR ROSA   Grazie.

E piange di gratitudine, trascinando Manuela nel pianto.

81. Barcellona. Teatro Tivoli. *Interno sera*.

Quella stessa sera.
Dall'ingresso del teatro.
Manuela entra in teatro. Incontra il Direttore di scena che la trattiene un momento per complimentarsi della splendida esibizione del giorno prima.

82. Teatro Tivoli. Camerino di Huma. *Interno sera*.

Si apre la porta, dall'interno.

Nel camerino di Huma, l'ambiente è piú freddo. Nina la sta aspettando, pallida ma di nuovo cosciente, e in atteggiamento ostile.

NINA Eccola la gatta morta!...
MANUELA (*stupita*) Che succede?
NINA Era tutto calcolato, eh? Figlia di puttana!...
HUMA Nina, non insultare!
NINA Sei proprio uguale a Eva Harrington! Hai imparato il testo a memoria apposta! È impossibile impararlo solo sentendolo dagli altoparlanti, cazzo! Per chi mi prendi, per un'idiota?
MANUELA Gli altoparlanti mi hanno aiutata a ricordarlo. La parte di Stella la conosco da anni.
NINA Ah, sí? Che combinazione!
MANUELA Puoi dirlo forte!

Manuela non lo dice per litigare. È semplicemente la verità. Fino a quel momento Huma è rimasta in silenzio, a fumare e a osservare le due donne, senza stare dalla parte di nessuna, benché il suo destino l'abbia comunque condannata a una di loro.

NINA (*a Huma*) Visto?! (*A Manuela*) Cosa stavi cercando la prima sera in questo camerino?... O vuoi dirmi che sei arrivata anche qui per puro caso!

Huma aspetta la risposta di Manuela; non condivide il tono di disprezzo della compagna, ma la lascia continuare.

MANUELA (*riconosce, gelida*) Non è stato per caso...

Nina scambia occhiate con Huma. Manuela è tristissima.

MANUELA D'accordo. Non vi disturbo oltre. Raccolgo le mie cose e me ne vado.

Si avvicina verso il punto in cui si trova una scatola da cucito. Si siede per raccogliere le sue poche cose.

HUMA (*gentile e curiosa*)   Manuela, credo che tu ci debba una spiegazione...

E si siede anche lei per ascoltare ciò che Manuela ha da dire. Benché Nina l'abbia menzionata inizialmente, nessuna delle tre donne sta pensando a *Eva contro Eva*, anche se la situazione assomiglia alla sequenza vista da Manuela con suo figlio, quando Eva entra nel camerino di Margo-Davis e la investe di menzogne e di ambizione. Manuela è l'anti-Eva Harrington. Eva si aggrappava a qualsiasi cosa pur di giustificarsi, e Manuela non è neppure capace di pronunciare una sola parola di autodifesa.
Huma e Nina la osservano in silenzio da un angolo del camerino. Manuela si sforza, ma per lei è atroce aprire una breccia fra i ricordi.

MANUELA   *Un tram che si chiama desiderio* ha segnato la mia vita. (*Lo dice come se davvero un tram l'avesse investita piú volte, accanendosi contro di lei, come se il tram fosse stato un animale selvaggio e affamato*). Vent'anni fa ho interpretato il ruolo di Stella, con un gruppo di dilettanti. Lí ho conosciuto mio marito, lui era Kowalski. Due mesi fa ho visto il vostro adattamento a Madrid... (*Sta soffrendo*). Ci sono andata con mio figlio, la sera del suo compleanno... e sebbene piovesse a dirotto ci siamo messi ad aspettare in strada, perché lui voleva un tuo autografo... (*Huma la guarda spaventata, inizia a ricordare*). Era una pazzia aspettare sotto la pioggia, ma dato che era il suo compleanno non ho avuto il coraggio di dirgli di no...

Brevi immagini di Esteban visto dall'interno del taxi delle attrici. Con gli occhi di Huma, concretamente.

Huma lo ricorda con precisione. Si rivolge terrorizzata a Nina. Nina non capisce cosa stia succedendo fra le due donne, quella strana corrente che si trasmette da Manuela a Huma, escludendola.

MANUELA (*trattenendo i singhiozzi*)   Voi siete salite su un taxi e lui vi è corso dietro. Un'auto che proveniva da Alcalá l'ha investito e ucciso. È questa la spiegazione, Huma. È questa la spiegazione.

E, prima di scoppiare a piangere, Manuela esce dal camerino.

83. Facciata della casa di Manuela. *Esterno giorno*.

Il giorno dopo.
Suor Rosa e Manuela entrano nell'edificio cariche di pacchetti per i nuovi inquilini (Rosa e il futuro figlio). In realtà l'unica a portarli è Manuela, si rifiuta di dividerli con la Suora, nonostante la sua insistenza. (Tappetino per il bagno, lampada per il comodino. Asciugamani. Attaccapanni. Un copriletto o una coperta. Un piumino, se la stagione lo richiede). Dà la chiave a Rosa.

MANUELA   Tieni, apri tu.

Manuela non posa i pacchetti per non doverli raccogliere di nuovo. Suor Rosa apre e resta immobile sul portone. Manuela non può entrare né vedere cosa impedisce a Rosa di avanzare.

MANUELA   Rosa, se non ti muovi non posso entrare.

84. Portone di casa di Manuela. *Interno giorno*.

Il corpo di Rosa nasconde quello di Huma. L'attrice attende seduta sui gradini del bellissimo androne modernista (in cattive condizioni e con macchie di umidità). Huma si alza e si dirige verso la coppia.

MANUELA Huma! Che ci fai qui?
HUMA Ciao! (*Improvvisa*) Sono venuta a pagarti. Ieri sei andata via senza i soldi. Lascia che ti aiuti.

Manuela le permette di prendere un pacchetto; si presentano.

MANUELA Huma, questa è mia sorella Rosa.

Le due donne si salutano. Manuela invita con un cenno l'attrice.

MANUELA Prendiamo l'ascensore. (*Si avviano*). E Nina?
HUMA L'ho lasciata con Mario. Ti saluta.

Manuela la guarda incredula.

85. Casa di Manuela. *Interno giorno*.

Le tre donne attraversano l'ingresso ed entrano in soggiorno. Lasciano le borse accanto a un bancone che collega il soggiorno con la cucina.

MANUELA Rosa, va' a riposare...
SUOR ROSA Non sono stanca.
MANUELA Non discutere. Vuoi qualcosa da bere, Huma?
HUMA No grazie.

Suor Rosa si ritira nella sua stanza, controvoglia. Avrebbe preferito restare con loro. Huma e Manuela si siedono in soggiorno. Huma accende una sigaretta. Si sfoga:

HUMA Non ho dormito tutta la notte, pensando a tuo

figlio... Ricordo perfettamente il suo viso, sotto la pioggia, con il taccuino in mano...

Lo dice come se lo stesse vedendo in quel momento. Manuela rifiuta l'immagine e le parole.

MANUELA (*atterrita*)   Non voglio parlarne, Huma. Non posso.

Basta guardarla per accorgersi che non è un capriccio.

HUMA (*capisce*)   Già... (*Cambia tono e argomento*) Oltre a chiederti scusa, Nina e io vorremmo che tornassi con noi.
MANUELA (*senza acredine, a bassa voce*)   Anche se non sembra, Rosa è malata, ha bisogno di qualcuno che si occupi di lei tutto il giorno... non la posso lasciare. Mi dispiace.
HUMA (*debole, riflette ad alta voce*)   Non so piú che fare, Manuela.
MANUELA   Perché non fai ricoverare Nina in una clinica?

Riappare Rosa, diretta in cucina. Huma e Manuela abbassano la voce per non farsi sentire. Rosa prende un bicchiere e lo riempie d'acqua.

HUMA   Se non rispettiamo il contratto, la compagnia mi farà causa.
MANUELA   Cercale una sostituta e rispetta i tuoi obblighi con la compagnia.
HUMA   Senza Nina non posso recitare. Lei è legata all'eroina, ma io sono legata a lei...

Breve pausa. Suonano al citofono.

86. Casa di Manuela. *Interno giorno*.

Rosa prende la cornetta del citofono, in cucina. Risponde e schiaccia un bottone. Huma e Manuela la osservano dal salone, curiose. Manuela domanda, alzando la voce:

MANUELA   Chi è?
SUOR ROSA   Agrado.
MANUELA   E le hai aperto?
SUOR ROSA (*unendosi al gruppo*)   Sí.
MANUELA (*seccata*)   Avresti dovuto dirle che eravamo occupate. Lo dico soprattutto per te. Dài, sdraiati qui sul divano e smettila di muoverti.

Suor Rosa obbedisce. Si sdraia sul divano, accanto a Manuela. Era quello che voleva.

HUMA (*riferendosi a Rosa*)   Che cos'ha esattamente?
SUOR ROSA   Un incidente...
HUMA   Ah, e di che tipo?

Manuela interrompe l'attrice, prima che Rosa possa parlare.

MANUELA   Come ho fatto a non pensarci prima! Agrado potrebbe prendere il mio posto!
SUOR ROSA (*reclinata sul divano*)   Certo! (*Ha sentito tutto, sa perfettamente di cosa stanno parlando*).
HUMA   Agrado è quella a cui non volevi aprire?

Manuela sorride, cosciente della contraddizione.

MANUELA   Sí... sciocchezze tra noi. Ma per te è l'ideale.

Manuela sente l'ascensore al piano di sotto ed esce ancor prima che suoni il campanello, come se volesse istruire Agrado prima di presentarla a Huma.

87. Casa di Manuela. *Interno giorno*.

Da sole, Huma e Rosa. Suor Rosa, distesa sul divano, con i capelli sciolti, come un'odalisca, inconsciamente rallegra la vista di Huma.

HUMA   Quanti anni ha Agrado?
SUOR ROSA   Abbastanza. Tra i trenta e i cinquanta.

Rosa non arriva a considerare che Huma superi i cinquanta.

HUMA   E Agrado è il suo vero nome?
SUOR ROSA   No, è il suo nome d'arte, come Huma.
HUMA   Sai perché mi sono fatta chiamare Huma?
SUOR ROSA   Sí, me l'ha raccontato Manuela.
HUMA (*delusa, avrebbe voluto raccontare lei la storia del suo nome*)   E cos'altro ti ha raccontato?
SUOR ROSA   Tutto. La tua relazione con Nina, e che lei è una tossica. E che la vostra storia finirà male.
HUMA   Ah, sí? E cos'altro? Sono molto curiosa. (*La verità è che non si aspettava da Manuela una simile indiscrezione*).
SUOR ROSA   Che tu, come attrice, sei meravigliosa, ma come persona sei tutta sbagliata.
HUMA (*secca*)   E poi?
SUOR ROSA (*finalmente si rende conto, a bassa voce*)   Di non dire niente.

88. Casa di Manuela. *Interno giorno*.

Manuela e Agrado sulla porta.

MANUELA   Che hai lí?

Indica due sacchetti.

AGRADO   Spumante e gelato.

MANUELA E perché?
AGRADO Per festeggiare il tuo successo di ieri sera in teatro, scema!

Si danno un rapido bacio sulle labbra. E poi si abbaiano a vicenda. È un loro gioco. Dopo aver abbaiato se la fanno addosso dal ridere, ovvio. È come un rituale tra adolescenti. Compaiono in soggiorno. Huma si volta. Non riesce a credere ai suoi occhi. Agrado non ci fa caso e avanza verso il tavolo vicino al quale si trovano Huma e Suor Rosa.

AGRADO Ehi, che sorpresa! Tre ragazze sole in una casa con pochi mobili mi ricorda sempre *Come sposare un milionario*. Come va, Suor Rosa?

Rosa le sorride con un ciao.

MANUELA (*fa le presentazioni*) Huma, questa è Agrado.
AGRADO Piacere... Sono una fans.

L'attrice la saluta con distacco. Non la trova sgradevole, ma non è esattamente quello che si aspettava.

HUMA Come va?
AGRADO Huma, per me tu sei una dea, una leggenda vivente. Ti ho già detto che sono una tua fans, cosí, al plurale. Ma hai visto cos'è stata Manuela l'altra sera... Non so come sia stata di pomeriggio, ma la sera... Quanto ho pianto!

Agrado è un po' sovreccitata, ma sincera. All'improvviso si rivolge a Suor Rosa:

AGRADO Ma tu non dovevi essere in Salvador?
SUOR ROSA Non ci vado piú. Rimango qui.

Agrado la guarda tipo «Non mi dici nient'altro?» Prima che glielo chieda la interrompe Manuela:

MANUELA (*ad Agrado*) Agrado, non lavoro piú con Huma. E prima che arrivassi, stavamo considerando che tu potresti prendere il mio posto... (*Cauta*).
AGRADO Io, nella parte di Stella? (*Delusa*) Veramente mi vedo piú come Blanche...

Huma inizia a trovare divertente l'ingenuità di Agrado. Lei, però, non ha bisogno di un buffone, ma di una valida assistente personale.

MANUELA (*borbotta, frustrata*) Dicevo di sostituire me, non Nina! E tantomeno Huma!
AGRADO (*delusa*) Ah...
HUMA Grazie, Manuela, ma non credo che...
MANUELA Tienila in prova per qualche giorno... non è cosí rozza come sembra.
AGRADO Sí che lo sono, Huma. Molto rozza! Adesso, per esempio, non ci capisco un tubo. Quindi ti do una bottiglia (*la tira fuori dal sacchetto*) e ci tiriamo un po' su il morale. (*A Rosa*) Prendi il gelato.

Manuela trova eccellente l'idea di bere, la situazione stava prendendo una strana piega.

MANUELA Beviamoci su. Cosí ci rilassiamo un po'. (*Si alza*). Vado a prendere i bicchieri.

Suor Rosa avverte:

SUOR ROSA Per me solo un po' di gelato. Non posso bere alcol.

HUMA Io invece voglio brindare.

Agrado tratta Huma con la massima confidenza.

AGRADO Ehi, ma che ha Manuela? Mi sembra un po' strana. Non sarà che il successo le ha già dato alla testa?

Huma trova Agrado sempre piú simpatica.

SUOR ROSA (*ad Agrado*)   È che ti vuole scaricare a Huma.

Che sfacciate!, pensa Huma, mentre scoppia a ridere.

Stacco.

89. Casa di Manuela. *Interno giorno*.

È passato un po' di tempo. Bucce di semi di girasole e noccioline riempiono il tavolo, oltre alle tre bottiglie e alla vaschetta del gelato, vuote. Sono tutte molto allegre, anche Rosa.

SUOR ROSA   Secondo me Prada è l'ideale per una suora.
HUMA   Il mio problema è che siccome sto bene con tutto, sono molto eclettica.

Manuela si guarda le mani apprensiva.

MANUELA   Sai che da quando sono a Barcellona mi sono venuti i geloni?
HUMA   Ah, sí? Fa' vedere... mia madre diceva...

Agrado fa rumore con la bottiglia e un bicchiere per richiamare l'attenzione delle ragazze.

AGRADO   È finito. Volete che vada a prenderne ancora?

Huma è un po' brilla e molto piú ottimista. Si alza.

HUMA   Mi piacerebbe, ma è meglio di no. Dov'è il bagno?

Manuela glielo indica con la mano.
Nel tragitto l'attrice barcolla leggermente.

Rimaste sole, Agrado si alza e si fa spazio sul divano a due posti, condiviso da Manuela e Suor Rosa.

AGRADO (*complotta*) Voi dovete mettermi al corrente di quello che succede in questa casa, manco fossi un'estranea!

Manuela e Suor Rosa continuano a mangiucchiare semi di girasole.

MANUELA Domani ti racconto.
SUOR ROSA No. Quella lí non è capace di tenere la bocca chiusa.
AGRADO Io so tenere benissimo la bocca chiusa! Non sono forse stata al gioco, come un'inglese, perché la Gran Dama (*rivolta a Huma*) non si accorgesse di nulla? Ma se sono un modello di discrezione! Chi sa fare i pompini come me sa anche essere discreta.

In quel momento appare Huma, ma nessuna delle tre la vede.

AGRADO Ho succhiato tanti di quegli uccelli in luoghi pubblici senza che nessuno, tranne l'interessato, se ne accorgesse...

Huma si unisce alla conversazione.

HUMA È cosí tanto tempo che non succhio un uccello!

Le tre donne si sentono colte in flagrante, ma il commento di Huma scioglie la possibile tensione. E scoppiano a ridere. Con Huma.

SUOR ROSA (*disinvolta, ma un po' frettolosa*) A me è sempre piaciuta la parola uccello, e uccellone!

Di nuovo scoppiano a ridere.

90. Casa di Manuela. *Interno giorno*.

Huma si china sul tavolo, prende la borsa e l'accendino.

HUMA (*senza sedersi*)   Manuela, devo andare.
MANUELA   Stai bene?
HUMA   Sí, molto meglio!

Molto piú ubriaca, vuole dire.

MANUELA   Agrado, accompagnala a prendere un taxi.

Agrado si alza.

HUMA   Ah, dimenticavo. (*Prende una busta dalla borsetta*). Tieni.

La porge a Manuela.

Si salutano. Agrado si congeda da Manuela e Suor Rosa, abbaiando in modo molto divertente. Andandosene:

HUMA (*ad Agrado*)   Tu mi devi insegnare ad abbaiare.

91. Pianerottolo di casa di Manuela. *Interno giorno*.

Agrado e Huma escono sul pianerottolo. Fanno tre passi verso la porta dell'ascensore e aspettano.

HUMA   Che sorelle straordinarie, vero?
AGRADO   Perché, sono sorelle?...
HUMA   Cosí mi ha detto Manuela.
AGRADO   Se lo dice lei...
HUMA   Mi sembra che siate delle belle imbroglione, o sbaglio?

AGRADO Sai com'è, a volte è necessario...

Premono il pulsante per chiamare l'ascensore. Che si ferma al piano.

HUMA Senti, Agrado. Sai guidare?
AGRADO Sí, da giovane facevo il camionista.
HUMA Ah, sí?
AGRADO A Parigi, appena prima di farmi le tette. Poi ho chiuso con il camion e mi sono messa a fare la puttana.
HUMA Interessante!
AGRADO Molto.

Entrano in ascensore.

92. Casa di Manuela. *Interno giorno*.

La busta che Huma ha consegnato a Manuela contiene un assegno di centocinquantamila pesetas per le due settimane di lavoro, come assistente personale. C'è anche un foglio ripiegato.
Manuela crede che sia una specie di fattura, una ricevuta. Ma la sua espressione non è quella di chi legge una fattura, una fattura non provoca, di solito, tanta emozione. («Caro Esteban, questo è l'autografo che non ti ho mai fatto, e non perché tu non me lo abbia chiesto...»)
Rosa la guarda inquisitoria.

SUOR ROSA Che cos'è?
MANUELA Un autografo di Huma, per Esteban.

93. Teatro Tivoli. Camerino di Nina. *Interno sera*.

Settimane dopo.

Nel camerino di Nina. Agrado ascolta la commedia attraverso gli altoparlanti, leggendo il copione dell'attrice, e cercando di imparare il testo a memoria, mentre finisce di cucire la copertina che usano per avvolgere il bambolotto utilizzato come figlio di Stella.

Fine dell'undicesima scena, tutta con voce fuori campo:

BLANCHE   Ed è tornato a chiedermi perdono con un mazzo di rose. «Scusa», diceva, ma ci sono cose imperdonabili. La crudeltà non merita perdono. È l'unica cosa che non si può perdonare e di cui non mi si è mai potuto accusare...

Agrado legge il copione mentre Blanche lo recita sulla scena, formando un duo da cui emerge la voce di Agrado. Improvvisamente appare Nina in camerino. Agrado lascia il testo, come se le fosse caduto casualmente di mano, e riprende a cucire.
Il suo sforzo di dissimulare la scopre.

Continua a sentirsi la scena tra Kowalski e Blanche attraverso gli altoparlanti. Nina arriva agitata. Non le importa quello che possa fare Agrado con il copione.

NINA   Cosa... anche tu ti stai imparando la parte?
AGRADO   (*in piena confusione*) Io?... Ma va'!
NINA   (*nervosa*) E allora lo dovresti fare, non si sa mai... ti spiace lasciarmi sola?
AGRADO   Perché, per farti una canna? (*La sgrida*) Non puoi aspettare la fine?

Nina inizia a tirare fuori l'occorrente, nascosto dentro la borsa.

NINA   Se lo sai, che me lo chiedi a fare...

Agrado non si muove dal suo posto, e neppure Nina è davvero interessata a cacciarla.

AGRADO Se non vuoi che lo dica a Huma, vattela a fumare in bagno, che almeno non ti veda. Non mi piacciono questi spettacoli.
NINA (*con un gesto che indica l'uscita*) Bene, occhio alla porta!

Malgrado le circostanze, c'è un buon feeling tra loro. Agrado si comporta come quel tipo di amica-intima-brontolona, nel miglior stile Thelma Ritter. Di quelle che alla fine ti danno sempre una mano, ma che non perdono l'occasione per ricordartelo.

94. Teatro Tivoli. Camerino di Nina. *Interno notte*.

Nina entra nel piccolo bagno mentre Agrado si appoggia contro la porta del camerino per controllare le intrusioni.

AGRADO So che quando si è giovani (beh, manco fossi una bimbetta...) queste cose sono senza valore. Ma sei graziosa (proporzionata, piccolina, ma graziosa). Sei dimagrita (con tutte le schifezze che ti spari, come non dimagrire! Vabbè, l'importante è che sei piú magra). Hai talento (limitato, ma hai il tuo talento) e soprattutto una donna che ti ama... E lo scambi con l'ero! Credi che ne valga la pena? Beh, non ne vale la pena!

Nina esce dal bagno. Ripone le cose nella borsa.
È piú tranquilla e piú pallida.

NINA Lo scambio... per un pochino... di pace... se non fumo una canna mi aggrappo ai muri... Aiutami a cambiarmi.

95. Teatro Tivoli. Camerino di Nina. *Interno sera*.

Agrado l'aiuta a sfilarsi il vestito e la bottarga (la finta pancia da gravida, un semplice cuscino fissato sul ventre).
Guarda il petto imbottito di Nina, le toglie le imbottiture.

AGRADO Stai diventando piatta.
NINA Confronto a te, sicuro. Non hai mai pensato di farti operare del tutto?

Nina si sta infilando l'altra vestaglia davanti allo specchio, e si ritocca leggermente il trucco.

AGRADO No. Le operate non lavorano piú. Ai clienti piacciono pneumatiche e ben dotate.

Nina accende una sigaretta e Agrado continua le sue faccende.

NINA (*stupita*) Reumatiche?
AGRADO No. (*Sillaba*) P-N-E-U-M-A-T-I-C-H-E. (*Si indica i seni, rotondi come palloni*). Un paio di tette, dure come ruote appena gonfiate, e in piú una bella mazza...
NINA Agrado, perché non mi fai vedere la mazza?
AGRADO A te la canna ti ha fatto male!
NINA (*scherzando*) Magari va a finire che mi piace.
AGRADO Continua a farti piacere quel che ti piace, hai già abbastanza problemi! Non hai bisogno di altre complicazioni.

Indica gli altoparlanti...

AGRADO Dài, che tocca a te! E attenta, non vomitare addosso a nessuno...
NINA (*andandosene*) Al pubblico piace molto... come

recito il ruolo della gravida, credono faccia parte del copione, e si entusiasmano.

AGRADO   Nella prossima scena non sei piú incinta, hai già partorito il bambolotto.

Prende il bambolotto dallo scaffale, gli mette la copertina e lo consegna a Nina.

NINA (*non se lo ricordava*)   È vero!
AGRADO   Dài, vai!

Nina esce dal camerino, con il bambolotto, e chiude la porta.

96. Casa di Manuela. Stanza di Rosa. *Interno giorno*.

Mesi dopo. Suor Rosa è molto ingrassata, ma solo sul ventre; il viso è scavato. Assomiglia piú che mai a una bambina attaccata a una pancia. Ma la sua è reale.

Sono passati parecchi mesi.

Manuela le toglie la padella da sotto le gambe (dove fa i suoi bisogni). Esce dalla stanza e torna con un vassoio pieno di prodotti per l'igiene.
Suor Rosa non si muove, lascia fare.

Malgrado le difficoltà proprie della malattia, le due donne sembrano molto serene.
Manuela inizia a pulirle le guance con un panno bagnato, e a ravviarle un po' i capelli.

SUOR ROSA   Lo chiamerò Esteban.
MANUELA   Tuo figlio? E perché?
SUOR ROSA   Per il tuo... Questo bambino sarà di tutt'e due...

Manuela s'intenerisce. E intanto le massaggia il viso e le braccia, manipolando il suo corpo inanimato.

MANUELA   Magari! Magari fossimo sole al mondo, senza compromessi, né suore, né famiglia, né amici... Tu e il tuo bambino, solo per me!... Ma hai una famiglia, Rosa... (*Finisce di pettinarla*). Ti trucco un po', eh?
SUOR ROSA   E perché?
MANUELA   Mi piace vederti bella! E poi ho telefonato a tua madre. Verrà a trovarti questo pomeriggio.

Suor Rosa la guarda spaventata.

SUOR ROSA   Mia madre!?
MANUELA   Sí, hai una madre, te l'eri dimenticato?
SUOR ROSA   E cosa le dico?
MANUELA   Che le vuoi bene... che ne so io!

97. Teatro Tivoli. Camerino di Huma. *Interno sera*.

Manca mezz'ora all'inizio della rappresentazione. Agrado sta finendo di preparare le parrucche, il trucco, tutto ciò di cui Huma ha bisogno per lo spettacolo. Guarda l'orologio, c'è ancora tempo. Non c'è fretta. Entra Mario del Toro con la voglia di sfogarsi.

AGRADO   Sei in anticipo oggi!
MARIO   Sí... (*Tanto per chiedere qualcosa*) Che fai?
AGRADO   Sto dando una sistemata... di cosa hai bisogno?...
MARIO (*con espressione intrigante*)   Stanotte non ho dormito. È tutto il giorno che sono nervoso.

Agrado si ferma a guardarlo. Le sembra che il tono di Mario sia evasivo e artificiale.

MARIO (*cerca di essere disinvolto*)   Mi faresti un pompino?...

AGRADO (*indignata*) Senti, ma qui non vi è ancora entrato in testa che sono andata in pensione?
MARIO (*come se questo lo giustificasse*) Credo che un pompino mi rilasserebbe...
AGRADO Succhialo tu a me, che anch'io sono nervosa...
MARIO Sarebbe la prima volta che succhio l'uccello a una donna, ma se proprio vuoi...

Agrado lo guarda senza dargli retta.

AGRADO Che ossessione del mio uccello è venuta a tutta la compagnia! Neanche fossi l'unica! Tu non ce l'hai l'uccello?
MARIO Sí.
AGRADO E la gente ti chiede per strada di farsi succhiare l'uccello, solo perché tu hai l'uccello? No, vero? (*Mario nega con il capo. Squilla un cellulare. Mentre lo cerca prova a chiarire*) Vabbè, te lo succhio, cosí vedi...

Agrado afferra il telefonino e risponde:

AGRADO Sí?

Mario ne approfitta per entrare nel piccolo bagno del camerino.

98. Teatro Tivoli. Bagno del camerino di Huma.

Mario si sistema il cavallo dei pantaloni. E si guarda allo specchio. Si pettina con le dita. Apre la bocca e si osserva la dentatura. Seducente.
Agrado sta parlando al cellulare. È appoggiata al ripiano, con le spalle rivolte verso il bagno. Dalla sua espressione si intuisce che dall'altro capo del telefono ci sono problemi gravi.

Mario esce dal bagno, sorridente. Sente che Agrado sta salutando qualcuno, in lacrime.

AGRADO   Va bene, non ti preoccupare. Me ne occupo io.

Smette di parlare e riattacca.

99. Teatro Tivoli. Camerino di Huma. *Interno sera*.

Quando si volta verso Mario ha gli occhi lucidi. Agrado è distrutta, ma lui è talmente eccitato che non se ne accorge.

MARIO   Andiamo nel mio camerino? Sai, solo perché se viene Huma...
AGRADO   Huma non può venire, è all'ospedale con Nina.
MARIO   All'ospedale? Che è successo?
AGRADO   Sono state sul punto di ammazzarsi, l'una con l'altra...
MARIO   Cazzo!

Agrado prende un fazzolettino per asciugarsi le lacrime. Se l'aspettava. È sconvolta. Si è affezionata molto a tutt'e due.
Anche Mario è commosso.

MARIO   Oggi dovremo sospendere sul serio...
AGRADO   Non dire niente!
MARIO   Ma dovremo pur dire qualcosa.
AGRADO   Sí, ma non deve essere necessariamente la verità! M'inventerò qualcosa io!

100. Casa di Manuela. Ingresso. *Interno sera*.

Suonano alla porta. Manuela attraversa l'ingresso e va ad aprire. Con un'espressione di circostanza la Madre di Rosa la saluta freddamente.

MADRE   Salve.

Manuela la invita a entrare. Attraversano il piccolo ingresso e passano in soggiorno. La Madre trova l'appartamento deprimente. O forse la situazione. Il silenzio e l'atteggiamento sereno e severo di Manuela la intimidiscono.

MADRE   Dov'è?

Con un gesto della mano, Manuela indica verso la stanza grande.

MANUELA   Lí, in camera.

Manuela non l'accompagna, resta in soggiorno. La Madre attraversa il corridoio e scompare oltre la porta.

101. Casa di Manuela. Stanza di Rosa. *Interno sera.*

Madre e figlia si fondono in uno scomodo ed emozionato abbraccio (scomodo per la posizione cui entrambe sono obbligate).
Rosa è sempre a letto. La Madre osserva con stupore la pancia prominente. Si trova spiazzata. Si lamenta, con tenerezza:

MADRE   E io che mi preoccupavo, credendo che fossi in Salvador! Vedo che hai imparato a mentire!
SUOR ROSA   Non sapevo come dirtelo.
MADRE   Cosa pensi di fare? vuoi lasciare l'Ordine? ti sposi?
SUOR ROSA   Che domande, mamma!
MADRE   Con te non si sa mai! Almeno io. Pure questo l'ho dovuto sapere dalla tua amica...
SUOR ROSA   Manuela!... Non so cos'avrei fatto senza di lei!

La Madre prova invidia nei confronti di Manuela.

ROSA   Come sta papà?
MADRE   Come sempre. Non so. Peggio. Se non ti dispiace, preferisco non dirgli nulla, e poi tanto non capirebbe.
ROSA   E Sapic?
MADRE   Bene... Rosa, non so che fare. Che vuoi che faccia?
ROSA   Niente, mamma.
MADRE (*triste e realista*)   Non vuoi niente da me, vero?
ROSA   Non è questo. Vorrei solo che non mi rendessi tutto piú difficile.

La Madre annuisce con il capo.

102. Casa di Manuela. Ingresso. *Interno sera.*

Manuela è rimasta seduta in soggiorno. La Madre esce dalla stanza e va verso di lei. Cerca di mantenere un contegno, ma è sul punto di scoppiare a piangere.

MADRE (*a bassa voce*)   Che cos'ha esattamente? Per telefono non ho capito bene...
MANUELA (*anche lei a bassa voce, perché Rosa non le possa sentire*)   Secondo l'ecografia ha la placenta previa... il ginecologo dice che si dovrà fare un cesareo programmato... intanto deve stare assolutamente a riposo, non si deve muovere nemmeno per andare in bagno...

La Madre comprende la gravità della situazione. Chi avrebbe mai detto che la stessa donna che pochi mesi prima aveva confuso con una puttana le avrebbe dato una simile lezione di maternità.

madre   Credi che dovrei portarmela a casa? Sai in che stato si trova suo padre, devo accudirlo come un bambino.
manuela   Lei è sua madre. Ma credo che Rosa stia meglio qui.
madre   Anch'io ho avuto la stessa impressione. Se avete bisogno di soldi, fammelo sapere. E, per favore, tienimi informata.
manuela   Non si preoccupi.

La Madre si dirige verso l'uscita, seguita da Manuela. La Madre insiste per non farsi accompagnare, e Manuela insiste che non la disturba. Sulla porta la Madre si rivolge a Manuela.

madre   (*pausa*)   Non so cos'ho sbagliato con Rosa... (*Manuela non dice niente*). Da quando è nata è come un'extraterrestre. Hai figli?
manuela   Sí, uno.
madre   E andate d'accordo?
manuela   È morto.

La Madre è imbarazzata.

madre   Oh. Mi dispiace.

Con l'idea della morte, sconcertata, la Madre se ne va.

103. Teatro Tivoli. Palcoscenico del teatro. *Interno sera*.

Il palcoscenico è deserto. Il sipario rosso completamente abbassato.
Il pubblico riempie metà della sala.
Agrado esce e si mette al centro del palco.
Tutta la compagnia la osserva dalle quinte, trepidante.
Mario è il piú interessato.

Suspense, da entrambe le parti. Qualche mormorio di stupore tra il pubblico. Un gran fascio di luce cattura Agrado nel suo cerchio bianco, facendola risaltare contro la superficie rossoscura del sipario. Gli sguardi degli spettatori si concentrano sulla sua figura, e ciò le provoca una sensazione inebriante.
Saluta il pubblico, discreta e convenzionale, o almeno ci prova.

AGRADO   Buonasera. Per cause indipendenti dalla propria volontà, due delle attrici che quotidianamente trionfano su questo palcoscenico, oggi non possono essere qui, poverine! Per cui la rappresentazione è sospesa. A coloro che lo richiedono, verrà rimborsato il prezzo del biglietto. Ma se non avete niente di meglio da fare, per una volta che venite a teatro è un peccato che ve ne andiate. Se restate, vi prometto d'intrattenervi raccontandovi la storia della mia vita.

Gli attori si scambiano occhiate. Questo non era previsto. Dieci o dodici persone si alzano e si dirigono verso l'uscita...

AGRADO (*li saluta*)   Arrivederci, mi dispiace... (*Al pubblico che è rimasto in sala*) Se vi annoio, fate finta di russare. Cosí (*imita il rumore di chi russa, esagerandolo*). Io 'ste cose le capisco... Non ferite affatto la mia sensibilità, eh, davvero...

Il pubblico inizia a divertirsi.
Agrado prende coraggio e si lancia.

AGRADO   Mi chiamano Agrado perché ho sempre cercato di rendere la vita gradevole agli altri. Alcuni di voi sicuramente mi conoscono. (*Guarda e riconosce qualcuno tra gli spettatori*). Ho fatto carriera sotto i ponti, vicino al cimitero, ma l'età – che non ho piú

– e una scarica di botte che mi sono beccata da un cliente, mi hanno fatto diventare una donna per bene... Oltre che gradevole, io sono molto autentica. (*Risate discrete*). Guardate che corpo! Osservatelo. Tutto su misura!

Si palpa le parti anatomiche modificate dalla chirurgia, specialmente quelle superiori, sono a portata di mano. Adotta una posizione dimostrativa, e specifica:

AGRADO   Contorno occhi, ottantamila pesetas. Naso, duecento. Buttate via, perché dopo un anno me l'hanno ridotto cosí con una legnata. So che mi dà molta personalità, ma se l'avessi saputo non l'avrei toccato... Vado avanti: tette, due. Settanta l'una, però le ho già ben ammortizzate. Silicone per labbra, fronte, zigomi, fianchi e culo. Costa centomila al litro, i conti fateli un po' voi perché io mi sono persa. Riduzione della mandibola, settantacinquemila. Depilazione definitiva con il laser, perché «anche» la donna discende dalla scimmia, come o piú dell'uomo, sessantamila a seduta. Dipende dalla barba che hai, normalmente sono da due a quattro sedute, ma se sei una bestia ce ne vogliono di piú, certo.

Il pubblico si diverte moltissimo.

AGRADO   Come dicevo, costa molto essere autentici! Ma non dobbiamo essere taccagni con la nostra apparenza. Una è tanto piú autentica quanto piú assomiglia a ciò che ha sognato di se stessa...

Il pubblico scoppia nel primo applauso.
Agrado si sente venir meno. Dalle quinte, Mario finalmente respira, orgoglioso e tranquillo.

104. Facciata della casa di Manuela. *Esterno giorno*.

Un taxi attende di fronte al portone. Manuela trasporta Rosa su una sedia a rotelle. L'autista l'aiuta a caricare le borse e una valigetta. C'è tutto il necessario per l'occasione. Indumenti per Rosa e per il bambino. Manuela l'aiuta a salire sul taxi.

105. Barcellona. Taxi. *Esterno giorno*.

Partono.
Manuela dà l'indirizzo all'autista.

MANUELA All'Ospedale del Mar, per favore.

Suor Rosa corregge:

SUOR ROSA Potrebbe passare prima da Plaza de Medinaceli?

Manuela la guarda. Sa che quella piazza è vicina alla casa dei genitori di Rosa.

MANUELA Ma non abbiamo un appuntamento con tua madre all'ospedale?
SUOR ROSA Sí. Voglio solo vedere la piazza passando.
MANUELA Va bene (*al tassista*), andiamo in Plaza de Medinaceli.

106. Barcellona. Plaza de Medinaceli. *Esterno giorno*.

Il taxi imbocca una delle strade che danno sulla piazza.
Senza scendere dall'auto, la Suora osserva emozionata la fontana, le palme, le panchine. Con la stes-

sa emozione con cui Rosa guarda la piazza, Manuela guarda Rosa.

SUOR ROSA   Qui venivo a giocare da piccola...

Guarda con gli occhi di una bambina. Chiede al tassista di fermarsi un momento.

107. Barcellona. Piazza popolare. *Esterno giorno*.

Dall'angolo di una strada vede comparire Sapic, il cane di suo Padre, un pastore tedesco, dal pelo nero e cannella. Enorme e adorabile. L'animale si ferma e guarda dietro di sé, attento. Aspetta. Subito appare il Padre di Rosa, un uomo di ottant'anni, che in gioventú doveva essere pieno di energie. Ha ancora un aspetto imponente, ma dai suoi occhi si percepisce che vive in un altro mondo.
Una volta convinto che il vecchio lo segue, il cane riprende a camminare. È un vero spettacolo vederli insieme.
Rosa apre la portiera, fischia e chiama:

SUOR ROSA   Sapic!

Il cane si volta, riconosce il fischio e la voce e inizia a correre verso il taxi. Il Padre si ferma a guardare. Lentamente si dirige verso il gruppo.

Intanto, Rosa gioca con il cane, l'animale cerca di saltare in auto. Lei lo abbraccia e Sapic le lecca il viso. Il Padre la guarda, senza riconoscerla, ma orgoglioso per la facilità con cui il cane fa amicizia con le persone:

PADRE   Va d'accordo con tutti. (*A Rosa*) Lei ha un cane?
SUOR ROSA   No... ma mi piacciono molto.
PADRE   Lei quanti anni ha?
SUOR ROSA   Ventisei.
PADRE   E quanto è alta?
SUOR ROSA (*sorride, felice di stare al gioco*)   Non molto, uno e sessantotto.

Il Padre considera l'informazione con un cenno del capo.
Manuela osserva la scena con un silenzio reverenziale.
Suor Rosa saluta il cane con un ultimo, forte abbraccio.

SUOR ROSA (*al cane*)   Dài, torna da papà. E abbi cura di lui. Ciao, papà!

Il cane si allontana da Suor Rosa e si avvicina al Padre.
Praticamente è il cane ad accompagnare il vecchio.
Padre e cane camminano sul marciapiede, e scompaiono dietro un angolo.
Le due donne li osservano, cercando di trattenere l'emozione.

108-A. Ospedale del Mar. Stanza di Rosa. *Interno giorno.*

Suor Rosa è a letto in una stanza dell'Ospedale del Mar. Sua Madre le sta seduta accanto, Manuela è in piedi.
Da una grande finestra si vede il mare. È la prima volta che Rosa e sua Madre sono insieme e rilassate.

MADRE   Devo mandare i chagall a un'asta a Londra. Peccato che non si possano mettere all'asta i picasso, mi vengono cosí bene!... ma Paloma non ne vuol sapere, non c'è possibilità. Spero che un giorno tu li possa vendere.

La Suora sorride.

MADRE   Non hai dolori?
SUOR ROSA   No.
MADRE   Che bello! Partorire senza dolore... (*A Manuela*) Quando ha detto il medico che deve entrare in Sala Operatoria?
MANUELA   Tra un'ora e mezza.
MADRE   Allora ho il tempo di passare da tuo padre, e tornare.
SUOR ROSA   Non c'è bisogno che torni, mamma.
MADRE   Voglio stare qui, con te.

Madre e figlia si baciano.

SUOR ROSA   Da' un bacio a papà.
MADRE   Questo me lo prendo io.

Rosa le dà un secondo bacio.
La Madre esce dalla stanza, dopo aver salutato Manuela.

Stacco.

108-B. Ospedale del Mar. Stanza di Rosa. *Interno giorno*.

Suor Rosa emana una pace interiore contagiosa.
Il letto dell'ospedale, sul quale giace, sembra aver cancellato le insicurezze che fino a quel momento hanno dominato la sua vita.

Manuela occupa adesso il posto dove prima era seduta la Madre.

SUOR ROSA   Spero che il terzo Esteban sia per te il definitivo.
MANUELA (*leggermente sorpresa*)   Il terzo Esteban?
SUOR ROSA   Lola è stato il primo. E tuo figlio il secondo.

Pausa.

MANUELA   Dunque, tu sapevi che Lola è stato anche il padre di mio figlio...
SUOR ROSA   Certo. Non ci voleva molto a capirlo.
MANUELA   Lola non sa che abbiamo avuto un figlio. Non gliel'ho mai detto.
SUOR ROSA   E tuo figlio, lo sapeva?
MANUELA   Mio figlio neppure... (*S'interrompe*).

Nuova pausa.

MANUELA   Non parliamo di cose tristi... Oggi è un gran giorno. Hanno arrestato Videla, ed è il giorno in cui nasce tuo figlio.
SUOR ROSA (*seria*)   Manuela, promettimi una cosa.
MANUELA   Dimmi!
SUOR ROSA   Se dovesse succedere...
MANUELA   Che dovrebbe succedere?!
SUOR ROSA   Promettimi che non nasconderai niente al bambino.
MANUELA   Io non ti prometto niente, perché sarai tu a dirgli tutto quello che vuoi.
SUOR ROSA   Promettimelo!
MANUELA   Se ti senti piú tranquilla...
SUOR ROSA   Sí.
MANUELA   Va bene, te lo prometto.

Panoramica sul mare, il ferro del parapetto della terrazza forma casualmente una croce.

109. Barcellona. Cimitero. *Esterno giorno*.

Tra le croci cammina lenta una figura femminile completamente vestita di nero. Si appoggia a un ombrello come se fosse un bastone. È la Morte in persona. Solitaria, nervosa, imponente, bella e squallida. Sul viso, di un pallore esagerato dal trucco, porta scolpita la storia di un trascorso fuori dal comune. Grandi occhiali neri lo coprono per metà.

Il cimitero guarda verso il mare, è costruito con vialetti in pietra, su una collina. Sassi, bouganville e mare, come destinazione finale. Duecento metri piú in là si sta celebrando il funerale di Suor Rosa. Un prete legge una preghiera per l'anima di quell'atipica religiosa.
Per l'ultimo addio si mescolano emarginati e suore, in parti uguali, uniti come due facce della stessa medaglia: Suor Rosa.
Da una parte, Manuela affranta, si appoggia ad Agrado e a Huma.
Dall'altra, la Madre di Rosa condivide il lutto con qualche parente prossimo. Anche la Madre è distrutta.

Casualmente, Manuela nota la figura superba e in gramaglie che compare dall'alto di una lunga scalinata in pietra. Senza dire nulla abbandona il gruppo e si dirige verso la base della scalinata. La Madre non se ne accorge. Il prete continua la sua preghiera. Ma Agrado riconosce la figura in lutto. È Lola.

110. Cimitero. *Esterno giorno*.

L'immagine di Lola mentre scende lentamente la scalinata in pietra, appoggiata all'ombrello, è inquietante. Con i tacchi e l'acconciatura, la Grande Vedova raggiunge quasi i due metri di altezza.

Manuela giunge alla base della scalinata, e guarda quella figura con il rispetto, l'odio, la rabbia e l'impotenza con cui guarderebbe la propria morte. Lola, tuttavia, appare emozionata.

LOLA Manuela!... Che bello vederti! Peccato che sia qui!

La voce di Lola suona grave, debole, tenera, sincera e senz'affettazione, benché abbia un tono femminile. Ha un leggero accento argentino.

MANUELA Non poteva essere da nessun'altra parte...

Lola la guarda senza capire. Capisce il suo rancore, ma non il significato di quelle parole.

MANUELA (*sentenzia*) Non sei un essere umano, Lola. Sei un'epidemia!

Lola non riesce a stare in piedi, lentamente e appoggiandosi all'ombrello si siede su un gradino, il primo di una specie di terrazza. Vuole finirla quanto prima con i rimproveri, non ha tempo, e le preme parlare subito dell'essenziale.

LOLA Sono sempre stata eccessiva! Troppo alta, troppo bella, troppo uomo, troppo donna! Non ho mai avuto una via di mezzo, e sono molto stanca, Manuela... (*stanca di se stessa e dei suoi eccessi*). Sto morendo.

Alcune mosche reagiscono all'informazione posandosi sul suo viso, come prematuri avvoltoi.

Per Manuela, Lola non sta morendo: *è* la morte. Manuela ha pianto cosí tanto prima di arrivare al cimitero che la sua faccia è gonfia e pallida. Porta degli occhiali neri che a volte si leva per asciugarsi gli occhi.

LOLA Però sto bene... Vieni.

La chiama per farla avvicinare. Manuela sale qualche gradino, accorcia la distanza che c'è tra le due. Lola deve sforzarsi per parlare.

LOLA (*spiega*)   Me ne sto andando da tutto... Ho rubato i soldi di Agrado per pagarmi il viaggio in Argentina. Volevo tornare al paese, al fiume, alla nostra strada...

Manuela è sempre in silenzio. Troppi sentimenti le afferrano la gola.

LOLA   Sono contento di poter salutare anche te. Mi resta solo da conoscere il figlio di Suor Rosa. Mio figlio.

Manuela la guarda torva, in silenzio.

LOLA (*s'illumina*)   Ho sempre sognato di avere un figlio... Tu lo sai.
MANUELA   Sí, lo so. Quando sono partita per Barcellona aspettavo un figlio tuo...
LOLA   Cosa?
MANUELA   Sí.
LOLA (*ansiosa*)   E... l'hai tenuto?

È una domanda, un ordine, una supplica.

MANUELA   Sí... un bambino bellissimo.

Manuela non riesce a controllare i singhiozzi.

LOLA (*la prega*)   Voglio vederlo! (*Cerca con lo sguardo*). È qui con te?
MANUELA (*rigida*)   No. È a Madrid. Ma non puoi vederlo.
LOLA (*supplica*)   Solo da lontano, Manuela, ti prometto che lui non mi vedrà neppure. È l'ultima cosa che ti chiedo...
MANUELA   Non puoi vederlo.

LOLA   Manuela, ti prego!
MANUELA   Sei mesi fa un'auto l'ha investito e ucciso.

Lola sussurra un debole no, quasi impercettibile.

MANUELA   Sono venuta a Barcellona solo per dirtelo. Mi dispiace.

Lola non può sopportare il peso di tanta morte, la notizia la fa invecchiare improvvisamente di cent'anni. Manuela non prova piú odio nei confronti di Lola, solo una pena grandissima. Scende le scale e raggiunge il resto del gruppo. Lola, rimasta sulla scalinata in pietra, si asciuga le lacrime con le sue enormi mani.

111. Casa dei genitori di Suor Rosa. *Interno giorno*.

Manuela e la Madre salgono le scale di casa. Apre Manuela e lascia entrare la Madre. Nell'ingresso sentono il bambino che piange.

Compare il Padre, impaziente, con il cane accanto.

MANUELA (*allarmata*)   Il bambino!

Scompare per il corridoio-pinacoteca.

PADRE (*con rimprovero*)   Da dove arrivi a quest'ora?

La Madre lo guarda, distrutta e affranta.

MADRE   Non hai ancora portato fuori Sapic?

La Madre accarezza il dorso del cane.

PADRE   Dato che non c'eri...
MADRE   Beh, adesso ci sono.

Fa tenerezza come questa donna dura si assuma senza riserve il ruolo di «tutto» per il vecchio demente. Vive solo per lui.

112. Casa dei genitori di Suor Rosa. Stanza del bambino. *Interno giorno*.

Un antico salone, vicino allo studio della Madre, è stato adattato a stanza per Manuela e il bambino. C'è un letto per Manuela e una culla per il bebè. Manuela entra spaventata, Vicenta cerca di calmare il piccolo, ma non sembra molto esperta.

MANUELA   Ha fame. Dallo a me...

Vicenta le consegna il bimbo.

VICENTA   Gli sto scaldando il biberon.
MANUELA   Portalo subito, per favore!

Il piccolo cerca con la bocca il seno di Manuela. Entra la Madre, distrutta, ma risoluta.

MADRE   Vicenta, occupati del signore. Non farlo entrare qui, per favore!

Vicenta borbotta mentre se ne va.

VICENTA   È una cosa assurda! È convinto che il bambino sia suo!

Vicenta esce.

MADRE (*a Vicenta*)   Lo so. (*A Manuela*) È molto geloso. Ho dovuto dirgli che il bambino è tuo.

Manuela la guarda sorpresa.

MANUELA Magari fosse mio!...
MADRE Non ho il coraggio di dirgli la verità. E poi, tanto non capirebbe.

Il Padre si affaccia sulla porta che dà sul corridoio, accanto a lui l'inseparabile cane.

PADRE Rosa, chi è questa donna?
MADRE È Manuela, la nuova cuoca. È qui da quattro giorni, dorme in questa stanza, con suo figlio, te l'ho già detto...
PADRE (*a Manuela*) Quanti anni ha?
MANUELA Trentotto...
PADRE E quanto è alta?
MANUELA (*sorride*) Un metro e sessantotto...

Manuela si emoziona per queste domande, le stesse che aveva fatto a sua figlia Rosa, in piazza.
La Madre incoraggia il cane perché porti fuori il Padre.

MADRE Dài, Sapic. Porta papà... a fare una passeggiata...

Padre e cane scompaiono. Incrociano Vicenta. La governante porge il biberon alla nonna, e questa lo offre a Manuela. Manuela prova la temperatura del biberon lasciando cadere una goccia di latte sul dorso della mano.
Il bambino piange con impazienza. Una volta attaccato alla tettarella del biberon si calma immediatamente.
La Madre verifica l'abilità e la tenerezza naturale di Manuela.

MADRE (*come se si fosse scordata qualcosa*) Ah, Manuela...
MANUELA (*senza smettere di contemplare il bebè*) Sí?
MADRE Non dire a nessuno degli anticorpi.

Manuela la fulmina con lo sguardo, ma la Madre lo sostiene e non abbassa il suo. La casa è il suo territorio, e questo le dà sicurezza.

MADRE Lo sanno le suore?
MANUELA No.

La Madre se ne va e lascia Manuela sola con il piccolo Esteban.
Non sopporta i pregiudizi della Madre.

113. Plaza de Medinaceli. *Esterno giorno*.

Un mese dopo.
Manuela scende da un taxi in Plaza de Medinaceli, la stessa piazza in cui Rosa diede l'addio al Padre e a Sapic prima di partorire. Porta il bambino in braccio e arriva dall'ospedale.
Entra in un bar della piazza.

114. Barcellona. Bar. *Interno giorno*.

Lola aspetta in fondo, in un angolo oscuro, avvolta nel fumo di una sigaretta mentre legge una rivista sportiva. Davanti a lei, una bottiglietta di acqua minerale. Indossa un semplice twin-set che le accentua il seno e la vita. I lunghi capelli sono raccolti.
Ha un'aria migliore rispetto alla scena del cimitero.

Manuela e Lola si guardano un istante. Il bambino le distrae subito. Lola spegne rapidamente la sigaretta. E dice molte volte «Oh», contemplando il bebè. Manuela glielo porge. L'operazione di passaggio dall'una all'altra è lenta e delicata.

Si siedono. Lola tiene tra le braccia il piccolo addormentato.

LOLA   Cosa ti ha detto il medico?

Il bambino ha un ottimo aspetto. Non c'è la minima tensione tra Lola e Manuela.

MANUELA   Che sta benissimo. Il bambino cresce regolarmente, è normale... si vede.

Lola si scioglie.

LOLA   Posso dargli un bacio?
MANUELA   Certo.

Lola gli dà un bacio sulla fronte con la massima delicatezza. E gli sussurra:

LOLA   Figlio mio, che brutta eredità ti lascio!

Lola lo dice con il cuore. Probabilmente è l'unico momento in vita sua in cui si pente di qualcosa.

MANUELA (*risoluta*)   L'importante è che il bambino stia bene. Non c'è motivo perché si debba ammalare!

Al momento del bacio, la nonna passa di fronte al bar, con il cane. Vede Manuela insieme a quel tipo strano. Non ci farebbe tanto caso se non ci fosse suo nipote con lei. Lola non si distingue bene nell'oscurità.

Manuela prende dalla borsa il portafoto con il ritratto del figlio. Il figlio di entrambi. Porge la foto a Lola, ma prima si riprende il bebè. Il piccolo si è svegliato e si guarda intorno con gli occhi sgranati.

MANUELA   Questo è l'altro Esteban.

Lola osserva la fotografia con la stessa emozione che proverebbe davanti a suo figlio.

LOLA Hai chiamato anche lui Esteban?
MANUELA Sí.
LOLA Grazie.

Manuela tira fuori dalla borsa il taccuino sgualcito di Esteban, aspetta che Lola si sia saziata della fotografia per porgerglielo.

MANUELA Sono i suoi appunti. Lo portava sempre con sé. Voleva diventare uno scrittore...

Lola lascia la fotografia sul tavolo e prende il taccuino. Lo guarda e lo tocca come se fosse qualcosa di vivo. Lo apre alle ultime pagine.

MANUELA (*indica con il dito, a metà di una pagina*) Questo l'ha scritto la mattina prima di morire. Leggi...
LOLA (*legge*) «... Ieri sera la mamma mi ha mostrato una foto... ne mancava la metà. Non ho voluto dirglielo, ma anche alla mia vita manca quello stesso pezzo...»

Lola guarda emozionata Manuela. Anche lei è emozionata.
La coppia si trova in sintonia per la prima volta dopo molti anni.

MANUELA Continua a leggere...
LOLA «Questa mattina ho frugato nei suoi cassetti e ho scoperto un mazzetto di foto... a tutte ne manca un pezzo, mio padre, suppongo. Voglio conoscerlo. Devo far capire alla mamma che non m'importa chi sia, né come sia, né come si sia comportato con lei. Non può negarmi questo diritto».

Manuela la interrompe.
Lola resta in silenzio. Torna a guardare la fotografia.
Restano in silenzio tutt'e due.

MANUELA La foto tienila tu... io tengo il taccuino.

La coppia si divide cosí i propri beni, Lola avvicina il portafoto al petto, e se lo stringe al cuore.

115. Casa dei genitori di Suor Rosa. *Interno giorno*.

Manuela entra in casa con il bambino. Esteban ha una macchia di rossetto sulla fronte. Ricordo di suo padre.

La Nonna riceve la coppia con espressione dura.

MADRE (*gli pulisce il «rouge» dalla fronte*)   Chi era quella donna con cui parlavi al bar? Non mi piace che una sconosciuta baci mio nipote!
MANUELA   Quella donna è suo padre.
MADRE (*spaventata*)   Cosa stai insinuando?

Manuela le dice quello che non ha mai confessato a suo figlio, e ne soffre molto.

MANUELA   È suo padre, è molto malato.

La Madre è disgustata.

MADRE   Quel mostro ha ucciso mia figlia!

Manuela si ritira in camera sua, per lasciare la Madre sola con il suo dolore.

MANUELA   Non ci pensare, Rosa.

116. Barcellona. Teatro 2. Palcoscenico. *Interno giorno*.

Prove in un teatro vuoto.
Huma recita *Haciendo Lorca*, nell'adattamento di Lluis Pasqual.

Il regista, sul palco, controlla l'attrice, e a volte le dà qualche indicazione. Per le prove Huma si è raccolta i capelli con delle forcine, e ha improvvisato un abbigliamento da gitana con vestiti usati. Ancora una volta, riempie la scena. Sentendola, si ha l'impressione che García Lorca abbia scritto il testo pensando a lei.

HUMA   Alcuni pensano che i figli siano fatica di un giorno. Ma ci vuole molto di piú. Molto. Per questo è cosí atroce vedere il sangue di un figlio sparso in terra...

Il teatro è vuoto. Sotto, in platea, l'aiuto-regista prende appunti, e Agrado vigila e ammira la sua signora. Huma s'inginocchia di fronte a una madia di legno. Prende un secchio di zinco e ci versa dentro un po' d'acqua. Nella madia c'è della farina, Huma inizia a impastare, con movimenti sicuri, lenti e adeguati al testo.

HUMA   Una fonte che scorre per un minuto a noi è costata anni. Quando ho scoperto mio figlio, era disteso in mezzo alla strada. Mi sono bagnata le mani con il suo sangue e le ho leccate. Perché era mio. Gli animali li leccano, no? Io non ho schifo di mio figlio. Tu non sai cosa significa. Metterei la terra impregnata del suo sangue in uno scrigno di cristallo e topazi...

In fondo al corridoio che divide la platea appare un fattorino con un grande mazzo di fiori. Agrado gli va incontro, immagina che i fiori siano per Huma e ha l'ordine che nessuno interrompa le prove.

AGRADO   Fuori! Fuori!...

117. Teatro 2. Atrio. *Interno giorno*.

Esce nell'atrio con il fattorino.

FATTORINO   Buongiorno, questi fiori sono per Agrado e Huma Rojo.

Agrado lo guarda dall'alto in basso e lo promuove *cum laude*.

AGRADO   Ah, sí?
FATTORINO   Sí. Firmi qui, per favore.
AGRADO   Sei sicuro che siano anche per Agrado?

Il Fattorino le porge una biro e una ricevuta.

FATTORINO   È scritto lí.

Agrado firma la ricevuta e prende l'enorme mazzo di rose rosse.

AGRADO   Lo sai perché mi chiamano Agrado?

Il Fattorino aspetta in silenzio la risposta.

AGRADO   Perché ho sempre cercato di rendere la vita gradevole agli altri.
FATTORINO   Va bene.

Una volta ascoltata la spiegazione se ne va.
Agrado prende la busta attaccata al mazzo. In effetti c'è scritto: «Per Agrado e Huma Rojo». La busta è un po' piú grande di quelle per i biglietti da visita. Dentro c'è un foglio ripiegato a metà...

VOCE FUORI CAMPO DI MANUELA   «Care Agrado e Huma, ancora una volta scappo senza salutare, e a te piacciono tanto gli addii, Agrado! La situazione con

i genitori di Rosa si è fatta insopportabile. La nonna teme che il piccolo possa contagiarla se solo la graffia. Porto Esteban in un posto dove non debba sopportare tanta ostilità. Agrado mia, tu sai quanto ti voglio bene. Abbi cura di te e di Huma, mi dispiace non esserci per la prima, ma sicuramente avrete molto successo con l'omaggio a García Lorca. Vi scriverò, ma per il momento non è prudente che sappiate di piú. Ah, straccia la lettera.
Vostra Manuela».

Agrado finisce di leggere con le lacrime agli occhi. Straccia lentamente la lettera in piccoli pezzetti e li butta in uno di quei posacenere cilindrici alti mezzo metro, che si trovano normalmente nei grandi atri o negli aeroporti.

118. Binario del treno. Galleria. *Esterno giorno*.

Cartello Barcellona-Madrid.

Di nuovo il treno, da Barcellona a Madrid, attraversa il paesaggio. Manuela è in uno scompartimento e dà da mangiare al bambino.
L'inquadratura è identica a quella che mostrava Manuela (nella Sequenza 28) mentre da sola viaggiava verso Barcellona. Questa volta il treno va in direzione contraria.
Entra e scompare all'interno della galleria.

119. Campagna e treno. *Esterno giorno*.

Lo stesso treno compie il tragitto Madrid-Barcellona. Dentro c'è Manuela con il bambino. Esteban ha già due anni ed è bellissimo. Anche lei ha un bell'aspetto. È radiosa.

La voce di Manuela narra cos'è successo negli ultimi due anni.

VOCE FUORI CAMPO DI MANUELA   «Torno a Barcellona, dopo due anni, ma questa volta non sto fuggendo. Sto andando a un congresso sull'aids organizzato dall'Ospedale Can Ruti. Il mio Esteban ha neutralizzato il virus in un tempo record e vogliono vederlo. Sono cosí contenta...»

120. Teatro 2. Facciata. *Esterno giorno*.

Il cartellone *Haciendo Lorca* porta in alto uno striscione che indica il secondo anno di successo consecutivo. Sotto il titolo c'è scritto: «Omaggio a García Lorca, e a Esteban, un giovane che morí alle porte di un teatro, una notte di pioggia».

121. Teatro 2. Camerino di Huma. *Interno sera*.

Manuela bussa alla porta.

MANUELA   Disturbo?

Le tre donne non sono cambiate molto nei due anni passati. Se è possibile, sono un po' piú giovani. Hanno cambiato pettinatura.
Agrado sta terminando di sistemare Huma per la rappresentazione.
Quando vedono Manuela, lanciano un grido. E le vanno incontro, litigando per chi l'abbraccia per prima e con piú affetto.

AGRADO   Manuela! La mia Manolita!
HUMA (*facendosi spazio*)   Ehi, guarda che è anche mia!

Si abbracciano.

AGRADO (*insiste*)   Manolita mia!

Manuela passa dall'una all'altra.
Si siedono. Sono moltiplicate dagli specchi.

HUMA   Che cosa incredibile per il tuo bambino! Ha neutralizzato il virus, cosí, dalla sera alla mattina!
MANUELA   Sí. Il caso di Esteban dimostra che il virus può scomparire, ancora non si conoscono le circostanze, per questo faranno una ricerca al Congresso dell'Ospedale Can Ruti, ma sembra un miracolo.
AGRADO (*piange*)   Lo sapevo. Ho pregato cosí tanto per quel bambino!
MANUELA   È con i nonni.
AGRADO   Vi parlate di nuovo?
MANUELA   Certo. Vado a vivere da loro.
AGRADO   Credevamo che la madre di Rosa se la fosse presa per quella fuga.
MANUELA   No. Le ho telefonato appena arrivata a Madrid, siamo rimaste in contatto per tutto il tempo... è venuta a trovarlo, qualche volta.

Agrado e Huma sorridono. Si sente l'ultimo avviso.
Cinque minuti. Huma si alza. Manuela vede la fotografia di Esteban accanto a quella di Nina.

MANUELA   Hai la foto di Esteban!
HUMA   Me l'ha data Lola prima di morire. L'ho conservata aspettando di rivederti.
MANUELA   Tienila!
HUMA   Grazie.

Si alza.

MANUELA   E Nina?

Huma non risponde.

AGRADO   Nina si è sposata. Vive al suo paese. Ha anche un bambino, un bambino grasso e bruttissimo, bruttissimo...
HUMA (*sulla porta, si volta*)   Ci vediamo dopo...

Prima di uscire lancia a Manuela un sorriso addolorato.

VOCE FUORI CAMPO DEL DIRETTORE DI SCENA   Si va in scena!

122. Barcellona. Teatro 2. Palcoscenico. *Interno sera*.

Le frange dorate del rosso sipario sfiorano terra. Sulle pieghe vermiglie appare in sovraimpressione la dedica: «A Bette Davis, Gena Rowlands, Romy Schneider... A tutte le attrici che sono state attrici. A tutte le donne che recitano. Agli uomini che recitano e che diventano donne. A tutte le persone che vogliono essere madri. A mia madre».

Il sipario inizia ad alzarsi. Il palcoscenico è al buio, come una caverna. Dal profondo dell'oscurità appaiono i titoli di coda.
Prima le attrici.

Madrid, agosto 1998.

Riflessioni dell'autore

Saper fingere

Dopo aver girato *Il fiore del mio segreto*, presi alcuni appunti sul personaggio di Manuela, l'infermiera che appare all'inizio. Una donna normale, che durante le simulazioni (che faceva con i medici del seminario sui trapianti dove drammatizzavano una situazione in cui gli stessi medici comunicavano a un'ipotetica madre la morte del proprio figlio) si trasformava in autentica attrice, molto piú brava dei medici con i quali condivideva la scena.

Inizialmente la mia idea era quella di fare un film sulla capacità di recitare da parte di determinate persone che attori non sono.

Ricordo, da bambino, di aver visto questa qualità nelle donne della mia famiglia. Sapevano fingere piú e meglio degli uomini. E grazie a simili menzogne riuscirono a evitare piú di una tragedia.

Quarant'anni fa, quando vivevo lí, La Mancha era una zona arida e maschilista, nelle cui famiglie l'Uomo regnava seduto sulla sua poltrona ricoperta di lucido skai. E intanto le donne trovavano concretamente una soluzione ai problemi, in silenzio, dovendo spesso mentire per fare ciò. (Sarà per questo motivo che García Lorca diceva che la Spagna è sempre stato un Paese di buone attrici?)

Contro questo maschilismo «manchego» che io ricordo (talvolta ingigantito) della mia infanzia, le donne fingevano, mentivano, occultavano, e in questo modo permettevano alla vita di scorrere e di andare avanti, senza che gli uomini ne fossero informati o l'ostacolassero. (E oltre che vitale era spettacolare. Il primo spettacolo che vidi fu quello di alcune donne che chiacchieravano nel patio). Non lo sapevo, ma questo sarebbe diventato uno dei temi del mio tredicesimo film, la capacità della donna di fingere.

E la maternità offesa. E la solidarietà spontanea tra donne.

«Ho sempre confidato nella bontà degli sconosciuti», diceva Tennessee Williams per bocca di Blanche Dubois. In *Tutto su mia madre* la bontà è quella delle sconosciute.

Attrici

Il titolo *Tutto su mia madre* si ispira a *Tutto su Eva* (*All about Eve*, di Joseph L. Mankiewicz), e fra le altre cose il film di Mankiewicz tratta di donne e di attrici. Donne che si confessano e mentono nel camerino d'un teatro, trasformato in *sancta sanctorum* dell'universo femminile (equivalente al patio della mia infanzia. Tre o quattro donne che parlano hanno per me il significato dell'origine della vita, come pure dell'origine della finzione e della narrazione).

In *All about Eve* gli uomini contano poco, ad eccezione di George Sanders, nel ruolo dell'odioso critico prevaricatore. Sanders è sublime, ma a me sembrava un attore asessuato.

E il suo personaggio in *Eve* non avrebbe perso nulla se fosse stato interpretato da una donna.

Attrici e donne

Non sono solo il tema di *Tutto su mia madre*, il film stesso è dedicato a loro. In special modo alle attrici che hanno recitato la parte di attrici.
Sono sempre stato attratto dai film che riflettono il mondo del cinema. Non mi riferisco a quelli che ne studiano il linguaggio, ma a quelli che raccontano storie di attori, registi, scrittori, produttori, stilisti, truccatori, comparse, imitatori di divi, eccetera. Film il cui argomento sia il cinema, e le persone che lo fanno, la loro grandezza e la loro mediocrità. Di questo genere inesistente, che si occupa di tutti i generi, mi affascina particolarmente quello interpretato da attrici. Nella dedica finale ne cito tre che hanno scatenato in me le emozioni piú forti: Gena Rowlands in *La sera della prima*, Bette Davis in *Eva contro Eva* e Romy Schneider in *L'importante è amare*. Lo spirito di tutte e tre impregna di fumo, alcol, disperazione, pazzia, desiderio, abbandono, frustrazione, solitudine, vitalità e solidarietà i personaggi di *Tutto su mia madre*.

Avrei potuto ampliare la dedica a molte altre attrici, che hanno recitato la parte di attrici al cinema: Gloria Swanson in *Viale del tramonto*, Judy Garland in *È nata una stella*, Lana Turner in *Il bruto e la bella* e *Lo specchio della vita*, Ava in *La contessa scalza*, *Veronika Voss* di Fassbinder, Julianne Moore in *Vanya sulla 42ª Strada* di Louis Malle.
Valentina Cortese che sbaglia continuamente porta

in *Effetto notte* di Truffaut. Maggie Smith in *California Suite*. Geraldine Page nella parte di Alessandra Del Lago in *La dolce ala della giovinezza*, Karen Black, letteralmente calpestata da una moltitudine di fans (comparse scritturate come lei) per creare atmosfera all'ingresso di un cinema di prima visione (*Il giorno della locusta*). Jean Hagen, adorabile idiota in *Cantando sotto la pioggia*, anche Kim Basinger, che si prostituisce a forza di imitare Veronica Lake in *L. A. Confidential*, *Fedora* del maestro Wilder. *Due settimane in un'altra città*. *Il disprezzo*, di Godard. Anita Ekberg in *La dolce vita*. E lo dedico anche a tutte le attrici di *Palcoscenico* di Gregory La Cava, e cosí via.

E in un ambito piú *rétro*, *La valle delle bambole*, *Quando muore una stella* (di Robert Aldrich), *Calore* (Paul Morrissey), *Jean Harlow, la donna che non sapeva amare* con Carroll Baker, *Mammina cara...* e molte altre che probabilmente dimentico.

Non mi interessa invece la degenerazione di questo non-genere, in versione televisiva. Per esempio, le molteplici biografie di Marilyn, i *biopics* televisivi, anche se è piuttosto divertente vedere Sofia Loren recitare se stessa, quarant'anni dopo... ma io mi riferisco al cinema, non alla televisione, e quello di Sofia è una specie di *reality show* illustrato con immagini.

Il monologo di Agrado

Il monologo è basato sulla parola. Su varie parole pronunciate da una stessa persona, senza che nessun altro personaggio la interrompa. È piú specifico del teatro, per questioni d'età, suppongo, il teatro è piú vecchio del cinema. Secondo me, lo dico in modo arbitrario, il suo equivalente nel cinema è il primo piano, con o senza parole. Ed è un'arma efficace, contundente, ma rischiosa, perché non ammette bugie.

Benché il cinema sia l'arte dell'artificio, tanto il monologo come il primo piano funzionano solo nella loro stessa evidenza o, a volte, in ciò che nascondono. Nel monologo sono tanto importanti le parole come i silenzi, la bocca come gli occhi. Ed è privilegio esclusivo dei Grandi (Attori).

Io integrerei il narratore orale nella sfera del monologhista, il ciarlatano da fiera, il politico con il suo discorso, ogni sorta di portavoce, gli strilloni, chi si confessa. Chi prega. Il nonno che con o senza il camino racconta ai nipoti avventure dense di pericoli che lui stesso ha vissuto. O il padre (e la madre) che devono ipnotizzare il figlio sveglio con una storia bella e soporifera.

Qualsiasi narrazione è un monologo che si recita a voce alta e in prima persona. E ogni monologo possiede forza drammatica se riesce a farsi ascoltare con attenzione dall'interlocutore (anche se si addormenta).

IL MONOLOGO DI AGRADO

Il monologo di Agrado non viene espresso in primo piano, o non sempre, ma in prima persona sí. E fino a che punto! Mentre Manuela si prende cura di Suor Rosa, Agrado si fa carico di Huma Rojo e della sua amante, Nina Cruz. Nina è una tossica, cosa che comporta una vera tortura per Huma e un continuo pericolo per la rappresentazione.

Una sera, mentre sta riordinando il camerino di Huma, Agrado riceve la telefonata dell'attrice, mancano quindici minuti alla rappresentazione ma non ci saranno né lei né Nina. Sono all'ospedale... Bisogna sospendere lo spettacolo.

Nonostante la costernazione, Agrado fa in modo di essere lei ad annunciarlo al pubblico che riempie la platea. Aveva sempre sognato di stare davvero su un palcoscenico. E questa è la sua occasione. All'inizio è impacciata. Il fascio di luce con il suo cerchio bianco la cattura come un insetto.
È una sensazione di vertigine, ma inebriante. Il pubblico eterogeneo che quasi riempie la sala mormora e si domanda che ci faccia «quell'essere» sul palco.

Agrado impiega qualche secondo a spiegarlo. Alludendo vagamente a un malessere delle protagoniste, lo spettacolo viene sospeso. Ma... se qualcuno vuole restare (agli altri sarà rimborsato il prezzo del biglietto) lei promette di intrattenerlo raccontando la storia della propria vita.
Stupore. Mormorii e risatine.
Sono in pochi ad andarsene. Agrado prende coraggio e, in effetti, racconta tutto. Dal nome: «Mi chiamano Agrado perché ho sempre cercato di rendere la vita gradevole agli altri», fino all'origine principale delle sue entrate: «Ho fatto carriera sotto i ponti, vicino al cimitero... Oltre che gradevole, io sono molto autentica...» E con decisione inizia a elencare dettagliatamente tutte le operazioni chirurgiche alle quali si è

sottoposta per essere autentica, con il relativo prezzo, in pesetas: «... contorno occhi, ottantamila pesetas; silicone per labbra, fronte, zigomi, fianchi e culo... il litro costa sessantamila pesetas. I conti fateli un po' voi, perché io mi sono persa... Tette? Due. Non sono mica un mostro. Settanta l'una, però le ho già ben ammortizzate...»

E continua su questo tono per la delizia degli spettatori increduli. Agrado termina con una sentenza capitale: «Costa molto essere autentici. Ma non dobbiamo essere taccagni con la nostra apparenza. Una è tanto piú autentica quanto piú assomiglia a ciò che ha sognato di se stessa».

Il pubblico è entusiasta. Agrado li ha conquistati.
Anni prima avevo saputo che era davvero capitato qualcosa di simile in un teatro, e da allora ho voluto «inserirlo» in un mio film.

L'aneddoto reale l'aveva vissuto Lola Membibres, in Argentina. Per un guasto all'impianto elettrico del teatro dove lavorava, al momento dello spettacolo rimasero senza luce. Non c'era altra possibilità che sospendere (o c'era?) Membibres, che non indietreggiava davanti a nulla, decise di andare lei stessa sul palco, illuminata dalla luce di una candela, a dare la notizia al pubblico.

«... naturalmente vi sarà rimborsato il prezzo del biglietto. Ma visto che siete qui, io vi chiederei di fermarvi. A chi si fermerà prometto d'intrattenerlo con la storia della mia vita».
Nessuno si mosse. E l'attrice iniziò a raccontare.
Quella sera, Doña Lola Membibres mise in scena la propria vita, e decenni dopo ispirò una delle sequenze piú divertenti di *Tutto su mia madre*.

Perché nel film c'è anche umorismo. Molto.
Basta che compaia Agrado.

Manuela fuggitiva (i tre Esteban)

Manuela fugge. Fugge sempre in treno, attraversando interminabili gallerie. Prima fugge da Barcellona a Madrid. Diciotto anni dopo, fugge da Madrid a Barcellona. E pochi mesi piú tardi, di nuovo percorre Barcellona-Madrid, fuggendo.

Tutte le sue fughe sono segnate da qualche tipo di Esteban. La prima volta portava Esteban-Figlio dentro di sé, nel suo ventre. Manuela fuggiva dal padre, che pure si chiamava Esteban (Esteban-Padre), benché da tempo nessuno lo chiamasse piú cosí.

Durante la seconda fuga, Esteban-Figlio l'accompagna sotto forma di fotografia, e di taccuino. È morto in un incidente. In quest'occasione Manuela va, senza troppa convinzione, alla ricerca di Esteban-Padre per comunicargli la morte del figlio. Esteban-Padre ignora l'esistenza di quel figlio, perché Manuela non gliel'ha mai detto. Dopo aver saputo di essere incinta era semplicemente fuggita dal padre, e non l'aveva piú rivisto.

Manuela non era piú tornata a Barcellona. Barcellona era territorio del padre. E Madrid del figlio. E nella politica emozionale di Manuela entrambe le città sono inconciliabili e incompatibili.
Ogni volta che Esteban-Figlio domandava di suo padre, Manuela rispondeva sempre evasiva.

Cos'altro avrebbe potuto fare? Esiste un modo per dire a un figlio che la persona che l'ha generato, il padre biologico, ha le tette piú grandi di quelle della madre, e che l'ultima volta che l'aveva visto si faceva chiamare Lola e che anche lei, sua moglie, già da tempo non lo chiamava piú Esteban?

Forse c'è un modo per spiegare questo a un figlio, ma Manuela non ha saputo trovarlo. E tanti anni di silenzio le pesano sulla coscienza come un crimine.

Manuela si condanna a cercare Lola, il padre di Esteban. E questa condanna la salva. Deve fuggire da Madrid: Madrid rappresenta il figlio, è la città che ha visto vivere e morire Esteban. Una città troppo grande e troppo vuota.

Manuela vaga per le strade del Borne, per il Barrio gótico, la Plaza Real... A volte si ferma e osserva la gente che dorme per strada. Non sono mendicanti, ma gente normale che è talmente rilassata da farsi vincere dal sonno. Grasse casalinghe che sonnecchiano, su una panchina di una piazza qualunque. Uomini stanchi di camminare. Giovani disfatti dopo due giorni di festa ininterrotta, bohémien internazionali sempre piú in tenera età. Gente a bocca aperta e senza scarpe, che addolcisce l'attesa in un ospedale, dormendo senza pudore. Persone sulle quali il sonno ha vinto la paura. Per Manuela vederli dormire è una sensazione molto gradevole. Forse anche lei riuscirà a ritrovare il sonno.

È contenta di essere tornata a Barcellona. Di giorno sonnecchia, di notte esce in cerca di Lola. Lola potrebbe trovarsi da qualsiasi parte, Napoli, Marsiglia, L'Avana. Mare, vizio e permissivismo, sono le qualità che Lola esige per poter vivere in una città. Barcellona le ha tutte. Potrebbe essere una qualunque di queste città, oltre a Barcellona.

Seguendo un ritmo sonnambulo, Manuela incontra persone (Agrado, Suor Rosa, Huma Rojo, il figlio di

Suor Rosa) e ragioni per restare. Dopo qualche mese, incontra anche persone e ragioni per fuggire.

Di nuovo sul treno, direzione Barcellona-Madrid, e con un altro Esteban, il terzo, tra le braccia, un bebè di pochi mesi, a cui Manuela si aggrappa e che deve proteggere dall'ostilità della nonna. Il bambino è sieropositivo e la Nonna ha paura di venire contagiata solo con un graffio. E ai bambini piace graffiare. È il loro modo di accarezzare e di toccare le cose.

Due anni piú tardi, il nuovo millennio è appena cominciato. Il terzo Esteban ha neutralizzato il virus in modo naturale e Manuela lo porta a un congresso dell'Ospedale Can Ruti, dove hanno intenzione di studiare il caso.
Cosí Manuela torna a Barcellona con il terzo Esteban, seduto sulle sue ginocchia. Il bambino scoppia di salute e gioca con delle briciole di pane. Ogni tanto fa partecipare Manuela al banchetto.

Mentre gli dà le briciole, perché non gli vadano di traverso, Manuela spiega al terzo Esteban la storia delle sue fughe.
Il bambino l'ascolta come se la capisse.
– Questa è la prima volta che vengo a Barcellona senza fuggire.
Manuela gli spiega com'è avvenuto le altre volte. Gli spiega perché si chiama Esteban, chi erano i suoi genitori, come sono morti e per quali circostanze lei è diventata la sua unica madre, portandolo via a una nonna che non lo amava. Ma la Nonna è cambiata, vive a Barcellona e lui deve volerle bene.
Gli spiega anche che prima che lui nascesse c'erano stati altri due Esteban. Uno era suo figlio, al quale, per un pudore assurdo, lei aveva nascosto tante cose. Ma non sarebbe piú successo. A lui avrebbe raccontato tutto. A mano a mano che crescerà di statura e di curiosità, nessuna delle sue domande resterà senza risposta.

Manuela promette di rispondere a tutte, e se non troverà una risposta, la inventerà.

– Perché sono molto brava a improvvisare, – Manuela sorride e pensa che la sua sia stata realmente una vita straordinaria. – Sarei potuta diventare un'attrice, se l'avessi voluto. Ma la mia unica vocazione è stata occuparmi dei miei figli. Occuparmi di te!

Stringe il piccolo tra le braccia, come per far sí che non dimentichi ciò che gli ha appena detto.

Cecilia, il nuovo incontro

La parola maturità non ha una buona reputazione, ma credo possa definire il processo vissuto da Cecilia Roth durante i tredici anni in cui non abbiamo lavorato insieme. (*Che ho fatto io per meritare questo?* è stata la nostra ultima collaborazione).

Cecilia Roth è maturata, è cresciuta. La sua tecnica si è affinata senza far rumore. Come accade con la perfezione, che non si nota.

Si smussano gli spigoli, tutto scorre.

E uno lo trova normale, anche se sa che è un miracolo.

Per me non c'è spettacolo piú grande di veder piangere una donna.

Un'attrice, voglio dire. Riconosco la fortuna di aver fatto piangere le migliori: Carmen Maura, Marisa Paredes, Victoria Abril, Chus Lampreave, Penélope Cruz, Kiti Mánver, Verónica Forqué, Ángela Molina, Julieta Serrano... E ognuna di loro l'ha fatto in un modo diverso.

Non ci sono suoni tanto personali come il riso e il pianto.

In *Tutto su mia madre* anche Cecilia ha versato la sua dose di lacrime. Trasparenti, torrenziali. La scuotono come conati di vomito.

E quando arrivano sono come una catarsi.

Se esistesse il termine (che si applica solo alla commedia demenziale, mi riferisco alla *screwball comedy*), potremmo definire *Tutto su mia madre* uno *screwball drama*. Dramma sgangherato, barocco e con personaggi estremi, sballottati dal caso (senza per questo diventare *grandguignolesco*, o dramma grottesco). Come contrappunto alla sua natura esuberante, durante le prove decisi che la recitazione sarebbe dovuta essere radicalmente sobria, addirittura arida. Questa era la chiave e la sfida che lo straordinario gruppo di attrici da quel momento accettò. E per Cecilia la sfida era piú grande, il suo personaggio è come incenerito in seguito alla morte del figlio; improvvisa e demolitrice come un fulmine. Ed è presente in tutte le scene del film.

Non so in che modo, ma durante i tre mesi delle riprese, lei seppe contenersi e andare al di là del dolore, sempre rispecchiandolo. Manuela dimostra che Cecilia Roth è ai vertici della sua carriera di attrice. E nel dirlo sento qualcosa di molto strano. Come persona mi ricorda sempre la ragazza che conobbi vent'anni fa, brillante, colta, con la stessa capacità di entusiasmarsi e di appassionarsi, rumorosa, immatura e nevrotica nella sua accezione piú divertente, fragile, volenterosa, dalla risata spontanea e dalle improvvise emozioni.

Tuttavia, per me, questa attrice è un mistero. Tredici anni di mistero.

Quando la rivedo sullo schermo e la sento palpitare come Manuela, so di trovarmi davanti a una delle prove piú sconvolgenti di cui io sia stato testimone. E non mi ricorda la Cecilia che conobbi negli anni Ottanta, ma un'altra.

Credo che questo voglia dire recitare.

Le attrici

Cecilia Roth

Appunti per *Tutto su mia madre*,
Città del Messico, 25 febbraio 1999.

Ho amato molto Manuela. Lei, come me, veniva da un Paese lontano, perduto nella memoria. Lei, come me, desiderava inventarsi una vita in un altro posto. Lei, come me, riusciva, mettendo un mattone sopra l'altro, a costruirsi una vita piú o meno simile a quella dei suoi sogni...
Ed ebbe un amore, ed ebbe un figlio, e passarono gli anni. E la vita, che tanto le costò costruire, improvvisamente si sgretolò, senza che potesse fare nient'altro che guardarla sgretolarsi. E sperare, sperare, sperare che «qualcosa» al di là di lei la spingesse, anche senza il suo consenso, a continuare a vivere, a continuare a cercare.

Manuela ascoltava la propria voce, ascoltava anche altre voci, e fuggendo dalle trappole della finzione si dedicava a osservare, ad accompagnare, a sostenere, a stare accanto a coloro con i quali si sente a suo agio (o a disagio?), accanto a coloro con i quali può pensare di vivere.

Dove va l'amore per un figlio morto? Dove? Dove si deposita quell'amore? Perché il dolore ha un suo processo, il suo preciso urlo, la sua incurabile ferita, la sua eterna cicatrice... Ma l'amore, quell'amore definitivo e persino tangibile... Che fare, di quell'amore?

Manuela ripercorre la propria vita a ritroso, cercando di darle un senso che crede perduto. Forse, senza saperlo, apre il proprio cuore al mondo che le sta attorno affinché la vita torni a pulsare in lui. Il pulsare della vita! Prima quasi impercettibile, poi rafforzato dal passare del tempo, dall'incontenibile pulsare del giorno dopo giorno, dal ritrovare le emozioni primarie.

Alla fine la vita s'impone e Manuela vi si aggrappa. Senza chiedere permesso torna a ridere, ad amare, a convivere con i suoi timori e a vincere la paura.

Dove va l'amore per un figlio morto? Si proietta all'infinito e torna a illuminare come un sole caldo e gentile. L'amore ritorna. Contagiata dalla vertigine della storia (e dallo stesso Pedro), feci mia Manuela per sempre (grazie, grazie, grazie, signor regista!) E ora mi accompagna, alleata, vecchia amica, compagna di strada, di dolori dolorosi e piacevoli piaceri. Sorella.

Sorelle tutte: Marisa-Huma; Penélope-Rosa; Antonia-Agrado, Candela-Nina; Rosa María - Madre... amate per sempre, mie per sempre.

E dietro a tutto ciò, Pedro, come un angelo ludico e fermo, che tutto vede, che tutto ama, che tutto difende. Sono stata felice. E nessuno potrà mai togliermi queste emozioni.

Marisa Paredes

TUTTO SU HUMA.

Huma Rojo è un personaggio che Pedro scrisse pensando a me, un regalo che mi ha fatto, un regalo che fa a tutti i suoi interpreti.

La fascinazione che Pedro prova verso il teatro l'ha trasmessa a Huma.

Huma trionfa sul palcoscenico quando vive il dramma di Blanche Dubois, e fallisce quando vive il suo proprio dramma.

Quando verifica l'incapacità di risolvere la propria vita, si rifugia nella rappresentazione. «Ho sempre confidato nella bontà degli sconosciuti», dice Blanche nella sua ultima scena; frase che Huma ripete durante il primo incontro con Manuela, una sconosciuta con la quale si confida e alla quale apre la sua anima quando le dice: «Il successo non ha sapore, né odore, e quando ti ci abitui è come se non esistesse piú».

Il tram che si chiama desiderio si allontana. Nina se n'è andata, Huma sa che non tornerà, che deve vivere il dolore della sua assenza. Fa suo quel dolore e lo trasforma nell'eterno dolore di una madre, nel tuo, nel mio, nel dolore di García Lorca.

Si va in scena!

Grazie, Pedro.

Penélope Cruz

Quando avevo quindici anni, un pomeriggio decisi di non andare a scuola e me ne andai al cinema, da sola. Io già sapevo di voler diventare attrice, ma quando vidi Victoria Abril legata al letto, mi fu tutto piú chiaro.

Quel film mi aveva colpita profondamente. Uscii dal cinema sconvolta. Avevo già visto tutti i suoi film e lo ammiravo, ma dal giorno in cui vidi *Légami!*, Pedro Almodóvar divenne un'ossessione.

Non so se l'ho raccontato, ma in questi anni, prima che Pedro mi chiamasse per un provino, all'inizio delle riprese di *Kika*, ogni volta che pensavo a lui, lui compariva. Se ero in un bar e mi veniva in mente lui, dopo cinque minuti entrava nel locale, allora qualche amica mi diceva: «Guarda, c'è Almodóvar, perché non ci vai a parlare?»

Io ne provavo tanta soggezione che ogni volta m'innervosivo e scappavo via. Accadde molte volte, finché un giorno, mentre ero a casa, suonò il telefono e mia madre mi disse: «Pe, ti cerca Almodóvar». E da lí iniziò un'altra storia. Ora continuo a essere ossessionata da lui, ma in un altro modo.

Oltre che un amico, è per me un regista con cui ho vissuto esperienze incredibili. La prima fu breve, ma molto intensa: quella settimana che passammo partorendo su un autobus non la dimenticherò mai. Ora, con *Tutto su mia madre*, mi ha regalato un personaggio straordinario, quello di Suor Rosa, una suora malata, con un sacco di problemi, una donna davvero speciale. E un altro film molto speciale, con le migliori colleghe che si possano avere.

Grazie Pedro, per aver avuto ancora una volta fiducia in me e per esserti trasformato in una realtà.

Candela Peña

TUTTO SUL MIO PEDRO.

Un bel giorno ti chiamano da El Deseo, casa produttrice di Almodóvar...

Bene, per punk che tu sia, per qualsiasi cosa in cui tu creda, per giovane che tu sia e per quante idee da difendere tu possa avere... in definitiva, qualunque sia la lotta che tu vuoi combattere, nonostante tutto, te la fai sotto.

Punto numero uno, la grande domanda: a che pro?

Punto numero due, inizia la fantasia: la mente prende il volo.

E punto numero tre, e piú importante: Pedro Almodóvar!

...ma non la persona, NO, bensí il mito che ognuno ha creato nella propria testa.

Vorrà lavorare con me uno che è addirittura riuscito a fare in modo che Madonna chiedesse di lavorare con LUI?

Pare proprio di sí. E allora incominciano le chiamate.

Chi? Pedro? NO... non lo chiamerò Pedro, da questo momento lo chiamerò LUI, l'inaccessibile, tutto ciò che ha a che fare con LUI è inaccessibile, perché ciò che gli sta intorno, la sua troupe, lo rende assolutamente misterioso.

Attenzione: non inaccessibile per LUI stesso, ma per l'immagine che ci siamo fatti di LUI.

Primo appuntamento. Dove?: a casa SUA.
Orrore!
Casa SUA, LA casa, la casa di LUI.
Grande tensione.
L'indirizzo. Dove vive LUI?
Il mistero arriva fino a tal punto che avere il suo indirizzo annotato su un pezzo di carta significa avere, come dire, qualcosa di molto importante.
Primo appuntamento. Ho scelto la maglietta piú brutta del mondo. Ultimamente sudo per la tensione, e al momento di varcare quella porta, mi tremavano le gambe. Le ho conosciute tutte: dall'assistente a Marisa, la mia dea, passando per Ceci e Penélope.

Prima impressione: Forte (come negarlo?), attorniata da tante stelle e sentendoti... proprio come la tua autostima in quel momento.
La mia, in quel momento: Debole, sí.

LUI ci legge il copione dall'a alla zeta, con impressionanti improvvisazioni e *flashback* (credo che si dica cosí) su tutti e su ogni personaggio. Negherò d'averlo scritto, ma «non ci ho capito niente». Non riuscivo a concentrarmi: ero a casa sua! Cercavo di guardare tutto, senza muovere il corpo, persino ciò che stava dietro di me; questo sí, lottando perché non si notasse che me la stavo facendo sotto.

La sua casa; la sua intimità; i suoi mobili; come dire, il suo casino. Ho cercato di registrare ogni cosa: la tappezzeria, le appliques... Mi sono innamorata di una lampada che stava alla mia sinistra (a forma di leopardo) che non potevo vedere bene, perché non volevo che si accorgessero che io ero io.
Intanto, lui parlava e parlava, e io? Io guardavo le altre attrici e... come lo guardavano? come lo ascoltavano? come stavano sedute? Quanto erano belle; e concentrate; e io, che tremavo sotto la maglietta. Zero assoluto.

Lui finí di leggere, e parlavano e parlavano, li sentivo come da lontano, non riuscivo a concentrarmi. Mi svegliai all'improvviso, presa alla sprovvista, e vidi che LUI si voltava verso di me, Orrore! No, no, che non mi faccia nessuna domanda. Sarei stata incapace di mettere insieme una frase, mi si confondevano le idee, i nomi dei personaggi... e, all'improvviso:

Attenzione Domanda!: «Candela, lo vuoi fare?»

Perché non lo ha chiesto alle altre? Cosa gli dico? Cosa gli devo dire? Lo vorrei leggere a casa mia, non sapevo se comportarmi da professionista, e dire qualcosa come: «Pedro, non so, lo leggo e poi ti dirò». Era quello che avrei dovuto dire, o suonava supponente? Voleva dire che dato che te l'offriva LUI avrei dovuto immediatamente dire di sí, anche se non avevo capito «quasi» nulla? E io, mi misi a ridere. Era l'unica cosa che potevo fare, oltre a sudare.

Da quel primo appuntamento, fino alla preparazione del film, passò molto tempo. Bene, in quel periodo ho girato un film, che, detto tra noi, mi lasciò «uno straccio». Nelle ultime due settimane delle riprese iniziò l'altro lavoro, le telefonate, le prove. Insomma, iniziava l'impazienza.

Provammo e riprovammo, e facemmo tutto quello che bisogna fare prima di iniziare un film; ma tutto alla grande. Tutto mi sorprendeva. Si beveva Solán de Cabras, e si mangiavano i panini di Pans & Company, un lusso orientale in confronto al classico panino di tortilla e peperoni.

Certo, non erano piú appuntamenti per offrirti lavoro, ormai eravamo una squadra diretta da LUI: PEDRO ALMODÓVAR.

Durante i circa dieci giorni di riprese: MI SONO DIVERTITA, HO SOFFERTO, HO IMPARATO, HO ASCOLTATO, HO GUARDATO, HO AMMIRATO e SONO USCITA DI TESTA...
E oltre a tutto ciò ho cercato di fare il mio lavoro nel modo migliore, sotto lo sguardo attento del regista: «Cosa starà pensando?», pensavo io.

Tutto ciò che mi avevano raccontato (perché tutti ti raccontano di LUI, anche se non hanno lavorato con LUI), di tutto questo, non m'è successo niente.
E perché? Cercherò di spiegarlo:

Punto numero uno: Tutti dicono di conoscerlo benissimo, sono tutti suoi supercolleghi. Io NO.
Punto numero due: Tutti sanno tutto di LUI, dei suoi film, della sua carriera. Io NO (per esempio, non ho visto *L'indiscreto fascino del peccato*). Non mi sentivo nemmeno libera di chiamarlo al telefono come un qualsiasi regista. Una volta lo sentii dire che riceveva messaggi che non ascoltava, non so, per LUI era normale non sentirli; ne riceveva tantissimi...
Punto numero tre: LUI ti fa notare tutto, devi farlo come dice LUI... Io no. Mi sono sentita totalmente libera in tutti i sensi con il mio personaggio. Penso che insieme gli abbiamo dato voce e corpo; tutti e due.

Insomma, tutte quelle cose che ti dicono non mi sono successe; me ne sono successe altre, le mie: le Mie. Ricordo che una notte, il mio secondo giorno, LUI mi chiama e mi dice: «Vieni un momento con me». Che vorrà? Dove mi porterà? Tutto, tutto era un'aspettativa.
Mi fa entrare nella sua roulotte, le dive non avevano una roulotte, stavano in un hotel, LUI invece sí (dettaglio meraviglioso). Dunque. Mi dà un gran cucchiaio da minestra. Apre il piccolo frigorifero e mi chiede se voglio assaggiare il budino di sua sorella María Jesús, che è il miglior budino del mondo, dice (e sí, lo posso confermare), che tra tutti i budini del mondo quello,

probabilmente, era il migliore. Sapeva di anice, ed erano piú o meno le cinque del mattino. Situazione surreale, se si può dire.

Quell'esperienza mi colpí, ma se pensate che un istante cosí possa diventare un istante magico, beh, no, per LUI è normale, tu lo vivi in una maniera unica, tu e tutti, perché tutti desideriamo condividere con LUI qualcosa di intimo. Questo è quanto LUI ottiene, perché dai tecnici fino a Dio benedetto, tutti si innamorano per uno sguardo, un dettaglio per fantasticare, un indizio che mostri che il rapporto che ha con te è diverso! Niente, assolutamente niente si decide senza che LUI l'abbia deciso. Sa quasi ogni cosa, dallo spessore dei collant ai capelli, alle parrucche, le stoffe, le luci, la fotografia, tutto e, soprattutto, di TUTTO.

Che bella cosa e che fortuna essere Pedro Almodóvar, perché può ottenere quasi tutto ciò che vuole! «He's the mega power». VELOCE, DIVERTENTISSIMO, GENIALE, BRUTALE... lavorare con LUI (se gli gira bene) è una festa.

D'improvviso, ti può fare gli scherzi piú assurdi, prendersela con te. Ci riesce cosí bene che l'unica cosa che puoi fare è metterti a ridere. Ma con LUI nessuno osa; voglio dire che non sei mai sufficientemente disinvolto per dirgli... Almeno è quello che succede a me. Non perché non lo saprebbe accettare, ma perché ciò che lo circonda è piú forte della vita stessa. È che tutto su di LUI si dice a bassa voce e all'orecchio: «Oggi Pedro è in gran forma», «Pedro è molto contento di...», «Pedro non ha dormito bene», «Pedro ha mal di testa», «Pedro...»

E cosa, veramente, LUI penserà di noi?

PEDRO ALMODÓVAR è la cosa piú importante del suo cinema, per questo ho voluto scrivere di LUI. E vedere un genio lavorare e creare è una delle esperienze piú allucinanti che ti possano capitare nella vita.

Molte grazie al «mio» Pedro, a quello che ho conosciuto, e a quello che mi piacerebbe conoscere. Perciò, forse, questo scritto si dovrebbe intitolare *Niente sul mio Pedro*, che forse sarebbe come intitolarlo *Niente su me stessa* (ma, scusate, questa ragazza avrà capito qualcosa?)

Grazie, Pedro!

P. S. Mi sarebbe piaciuto parlare anche degli altri, dei tecnici e degli artisti, ma dovrei scrivere un'altra cosa, e un'altra ancora per continuare a parlare di lui.

Molte grazie a tutti!

Antonia San Juan

L'esperienza di girare un film iniziò quando Pedro mi fece un provino per il personaggio di Agrado.

Quel giorno, alla fine delle prove, uscii da El Deseo distrutta. Ricordo il suo viso, i suoi gesti, la sua energia mentre mi spiegava il personaggio. Fui sólo in grado di alzare un braccio e chiamare un taxi. Tre settimane di prove: trucco, costumi, registrazioni... Il giorno che mi chiamò per dirmi che mi avrebbe affidato la parte, mi disse: «Ho deciso che sarai tu a dar vita a quella donna chiamata Agrado. Questa sera puoi festeggiare con i tuoi amici, ma da domani incominci la dieta». (Mi mise a dieta per farmi perdere qualche chilo). Le prime prove le facemmo a casa sua, e lí conobbi le altre attrici. Fu un'esperienza fantastica, un Pedro disponibile, tranquillo, gentile, aperto, che sa quello che vuole.

Rosa María Sardá

Nel film, la mia parte è breve, per niente piacevole, difficile.

Tutto questo, anche se può sembrare strano, piace a un attore. E come se non bastasse, Rosa (la Madre) mi ha dato la possibilità di assistere e di assaporare il brillante (e saggio) esercizio di regia di Pedro Almodóvar.

Pedro trasforma il difficile in possibile, con il buonsenso e, come no, con il talento.

Filmografia

1974-79	Diversi film di varia durata in Super 8, inclusi alcuni in 16 millimetri (*Salomé*).
1980	*Pepi, Luci, Bom y otras chicas del montón* (*Pepi, Luci, Bom e le altre ragazze del mucchio*).
1982	*Laberinto de Pasiones* (*Labirinto di passioni*).
1983	*Entre Tinieblas* (*L'indiscreto fascino del peccato*).
1984-85	*¿Qué he hecho yo para merecer esto?* (*Che ho fatto io per meritare questo?*)
1985	Trailer per *Amantes de lo prohibido* (mediometraggio in video per la Tve).
1985-86	*Matador* (*Matador*).
1986	*La Ley del Deseo* (*La legge del desiderio*).
1987	*Mujeres al borde de un ataque de nervios* (*Donne sull'orlo di una crisi di nervi*).
1989	*¡Átame!* (*Légami!*)
1991	*Tacones Lejanos* (*Tacchi a spillo*).
1992	*Acción Mutante* (produzione).
1993	*Kika* (*Kika*).
1995	*La flor de mi secreto* (*Il fiore del mio segreto*).
1995	*Tengo una Casa* (produzione).
1996	*Pasajes* (produzione).
1997	*Carne Trémula* (*Carne tremula*).
1998-99	*Todo sobre mi madre* (*Tutto su mia madre*).

Indice

p. v	*Tutto su Almodóvar* di Guillermo Cabrera Infante
1	Tutto su mia madre

Riflessioni dell'autore

131	Saper fingere
133	Attrici
134	Attrici e donne
136	Il monologo di Agrado
139	Manuela fuggitiva (i tre Esteban)
143	Cecilia, il nuovo incontro

Le attrici

147	Cecilia Roth
149	Marisa Paredes
150	Penélope Cruz
152	Candela Peña
158	Antonia San Juan
159	Rosa María Sardá
161	*Filmografia*

*Stampato per conto della Casa editrice Einaudi
presso Mondadori Printing S.p.A., Stabilimento N.S.M., Cles (Trento)*

C.L. 15527

Edizione											Anno
6	7	8	9	10	11	12		2003	2004	2005	2006

Einaudi Tascabili

1 Omero, *Odissea*. Versione di Rosa Calzecchi Onesti. Testo a fronte (13ª ed.).
2 Levi (Primo), *Se questo è un uomo. La tregua* (25ª ed.).
3 Least Heat-Moon, *Strade blu. Un viaggio dentro l'America* (10ª ed.).
4 Morante, *Aracoeli. Romanzo* (10ª ed.).
5 Virgilio, *Eneide*. Introduzione e traduzione di Rosa Calzecchi Onesti. Testo a fronte (10ª ed.).
6 *Storia d'Italia. I caratteri originali*. A cura di Ruggiero Romano e Corrado Vivanti (2 volumi).
7 Levi (Carlo), *L'Orologio* (3ª ed.).
8 Bloch (Marc), *I re taumaturghi. Studi sul carattere sovrannaturale attribuito alla potenza dei re particolarmente in Francia e in Inghilterra* (5ª ed.).
9 Packard, *I persuasori occulti* (7ª ed.).
10 Amado, *Teresa Batista stanca di guerra* (14ª ed.).
11 Buñuel, *Sette film* (L'età dell'oro. Nazarin. Viridiana. L'angelo sterminatore. Simone del deserto. La via lattea. Il fascino discreto della borghesia) (2ª ed.).
12 *I Vangeli apocrifi*. A cura di Marcello Craveri (11ª ed.).
13 Sciascia, *Il giorno della civetta* (5ª ed.).
14 Sciascia, *Il contesto. Una parodia* (2ª ed.).
15 Sciascia, *Todo modo* (2ª ed.).
16 Fitzgerald, *Tenera è la notte* (11ª ed.).
17 Schulberg, *I disincantati*.
18 Sartre, *La nausea* (11ª ed.).
19 Bataille, *L'azzurro del cielo* (2ª ed.).
20 Musil, *I turbamenti del giovane Törless* (6ª ed.).
21 Mann, *La morte a Venezia* (7ª ed.).
22 Shirer, *Storia del Terzo Reich* (2 volumi) (4ª ed.).
23 Frank, *Diario* (13ª ed.).
24 Rigoni Stern, *Il sergente nella neve. Ritorno sul Don* (12ª ed.).
25 Fenoglio, *Una questione privata. I ventitre giorni della città di Alba* (12ª ed.).
26 Deakin, *La brutale amicizia. Mussolini, Hitler e la caduta del fascismo italiano* (2 volumi).
27 Nerval, *Le figlie del fuoco*.
28 Rimbaud, *Opere*. Testo a fr. (5ª ed.).
29 Walser, *L'assistente* (3ª ed.).
30 Vassalli, *La notte della cometa. Il romanzo di Dino Campana* (9ª ed.).
31 Svevo, *La coscienza di Zeno e «continuazioni»* (3ª ed.).
32 Pavese, *Il carcere* (3ª ed.).
33 Pavese, *Il compagno* (10ª ed.).
34 Pavese, *La casa in collina* (14ª ed.).
35 Omero, *Iliade*. Versione di Rosa Calzecchi Onesti. Testo a fronte (9ª ed.).
36 Tolstoj, *Guerra e pace* (2 volumi) (8ª ed.).
37 Codino, *Introduzione a Omero* (2ª ed.).
38 De Roberto, *I Viceré* (6ª ed.).
39 Jovine, *Signora Ava*.
40 Levi (Carlo), *Cristo si è fermato a Eboli* (11ª ed.).
41 Rea, *Gesú, fate luce*.
42 Tornabuoni, *'90 al cinema*.
43 Gino & Michele - Molinari, *Anche le formiche nel loro piccolo s'incazzano* (18ª ed.).
44 Balzac, *Splendori e miserie delle cortigiane* (2ª ed.).
45 Proust, *Contro Sainte-Beuve*.

Proust, *Alla ricerca del tempo perduto*:
46 *La strada di Swann* (2 volumi).
47 *All'ombra delle fanciulle in fiore* (3 volumi).
48 *I Guermantes* (3 volumi).
49 *Sodoma e Gomorra* (2 volumi).

50 La prigioniera (2 volumi).
51 Albertine scomparsa.
52 Il tempo ritrovato (2 volumi).
53 I Vangeli nella traduzione di Niccolò Tommaseo. A cura di Cesare Angelini.
54 Atti degli Apostoli. A cura di Cesare Angelini.
55 Holl, Gesú in cattiva compagnia.
56 Volponi, Memoriale (4ª ed.).
57 Levi (Primo), La chiave a stella (10ª ed.).
58 Volponi, Le mosche del capitale (2ª ed.).
59 Levi (Primo), I sommersi e i salvati (12ª ed.).
60 I padri fondatori. Da Jahvè a Voltaire.
61 Poe, Auguste Dupin investigatore e altre storie.
62 Soriano, Triste, solitario y final (9ª ed.).
63 Dürrenmatt, Un requiem per il romanzo giallo. La promessa. La panne (4ª ed.).
64 Biasion, Sagapò (3ª ed.).
65 Fenoglio, Primavera di bellezza (4ª ed.).
66 Rimanelli, Tiro al piccione.
67 Soavi, Un banco di nebbia.
68 Conte, Gli Slavi (5ª ed.).
69 Schulz, Le botteghe color cannella.
70 Serge, L'Anno primo della rivoluzione russa.
71 Ripellino, Praga magica (10ª ed.).
72 Vasari, Le vite de' piú eccellenti architetti, pittori, et scultori italiani, da Cimabue insino a' tempi nostri. A cura di Luciano Bellosi e Aldo Rossi (2 volumi) (6ª ed.).
73 Amado, Gabriella garofano e cannella (12ª ed.).
74 Lane, Storia di Venezia (7ª ed.).
75 Tirature '91. A cura di Vittorio Spinazzola.
76 Tornabuoni, '91 al cinema.
77 Ramondino-Müller, Dadapolis.
78 De Filippo, Tre commedie (2ª ed.).
79 Milano, Storia degli ebrei in Italia (4ª ed.).
80 Todorov, La conquista dell'America (10ª ed.).
81 Melville, Billy Budd e altri racconti (2ª ed.).
82 Yourcenar, Care memorie (10ª ed.).
83 Murasaki, Storia di Genji. Il principe splendente (2 volumi) (3ª ed.).
84 Jullian, Oscar Wilde;
85 Brontë, Cime tempestose (7ª ed.).
86 Andersen, Fiabe (7ª ed.).
87 Harris, Buono da mangiare (7ª ed.).
88 Mann, I Buddenbrook (7ª ed.).
89 Yourcenar, Archivi del Nord (7ª ed.).
90 Prescott, La Conquista del Messico (3ª ed.).
91 Beowulf (6ª ed.).
92 Stajano, Il sovversivo. L'Italia nichilista.
93 Vassalli, La chimera (13ª ed.).
94 Le meraviglie del possibile. Antologia della fantascienza (4ª ed.).
95 Vargas Llosa, La guerra della fine del mondo (4ª ed.).
96 Levi (Primo), Se non ora, quando? (9ª ed.).
97 Vaillant, La civiltà azteca (4ª ed.).
98 Amado, Jubiabá (5ª ed.).
99 Boccaccio, Decameron (2 volumi) (7ª ed.).
100 Ghirelli, Storia di Napoli (3ª ed.).
101 Volponi, La strada per Roma (3ª ed.).
102 McEwan, Bambini nel tempo (9ª ed.).
103 Cooper, L'ultimo dei Mohicani (4ª ed.).
104 Petrarca, Canzoniere (7ª ed.).
105 Yourcenar, Quoi? L'Eternité (5ª ed.).
106 Brecht, Poesie (4ª ed.).
107 Ben Jelloun, Creatura di sabbia (7ª ed.).
108 Pevsner, Fleming, Honour, Dizionario di architettura (8ª ed.).
109 James, Racconti di fantasmi (6ª ed.).
110 Grimm, Fiabe (8ª ed.).
111 L'arte della cucina in Italia. A cura di Emilio Faccioli.
112 Keller, Enrico il Verde (2ª ed.).
113 Maltese, Storia dell'arte in Italia 1785-1943 (2ª ed.).
114 Ben Jelloun, Notte fatale (7ª ed.).
115 Fruttero-Lucentini, Il quarto libro della fantascienza (2ª ed.).

116 Ariosto, *Orlando furioso* (2 volumi) (7ª ed.).
117 Boff, *La teologia, la Chiesa, i poveri*.
118 Pirandello, *Sei personaggi in cerca d'autore* (3ª ed.).
119 James, *Ritratto di signora* (6ª ed.).
120 Abulafia, *Federico II* (8ª ed.).
121 Dostoevskij, *Delitto e castigo* (10ª ed.).
122 Masters, *Antologia di Spoon River* (9ª ed.).
123 Verga, *Mastro-don Gesualdo* (3ª ed.).
124 Ostrogorsky, *Storia dell'impero bizantino* (6ª ed.).
125 Beauvoir (de), *I Mandarini* (4ª ed.).
126 Yourcenar, *Come l'acqua che scorre* (8ª ed.).
127 Tasso, *Gerusalemme liberata* (6ª ed.).
128 Dostoevskij, *I fratelli Karamazov* (8ª ed.).
129 Honour, *Neoclassicismo* (3ª ed.).
130 De Felice, *Storia degli ebrei italiani* (5ª ed.).
131 Goldoni, *Memorie* (2ª ed.).
132 Stendhal, *Il rosso e il nero* (5ª ed.).
133 Runciman, *Storia delle crociate* (2 volumi) (4ª ed.).
134 Balzac (de), *La Fille aux yeux d'or* (Serie bilingue) (2ª ed.).
135 Mann, *Tonio Kröger* (Serie bilingue) (4ª ed.).
136 Joyce, *The Dead* (Serie bilingue) (2ª ed.).
137 *Poesia italiana del Novecento*. A cura di Edoardo Sanguineti (2 volumi) (4ª ed.).
138 Ellison, *Uomo invisibile*.
139 Rabelais, *Gargantua e Pantagruele* (5ª ed.).
140 Savigneau, *Marguerite Yourcenar* (2ª ed.).
141 Scholem, *Le grandi correnti della mistica ebraica* (3ª ed.).
142 Wittkower, *Arte e architettura in Italia, 1600-1750* (7ª ed.).
143 Revelli, *La guerra dei poveri* (3ª ed.).
144 Tolstoj, *Anna Karenina* (7ª ed.).
145 *Storie di fantasmi*. A cura di Fruttero e Lucentini (3ª ed.).
146 Foucault, *Sorvegliare e punire* (7ª ed.).

147 Truffaut, *Autoritratto* (2ª ed.).
148 Maupassant (de), *Racconti dell'incubo* (4ª ed.).
149 Dickens, *David Copperfield* (4ª ed.).
150 Pirandello, *Il fu Mattia Pascal* (7ª ed.).
151 Isherwood, *Mr Norris se ne va* (2ª ed.).
152 Zevi, *Saper vedere l'architettura* (3ª ed.).
153 Yourcenar, *Pellegrina e straniera* (3ª ed.).
154 Soriano, *Mai piú pene né oblio. Quartieri d'inverno* (4ª ed.).
155 Yates, *L'arte della memoria* (4ª ed.).
156 Pasolini, *Petrolio* (6ª ed.).
157 Conrad, *The Shadow-Line* (Serie bilingue) (4ª ed.).
158 Stendhal, *L'Abbesse de Castro* (Serie bilingue) (2ª ed.).
159 Monelli, *Roma 1943* (2ª ed.).
160 Mila, *Breve storia della musica* (7ª ed.).
161 Whitman, *Foglie d'erba* (6ª ed.).
162 Rigoni Stern, *Storia di Tönle. L'anno della vittoria* (9ª ed.).
163 Partner, *I Templari* (8ª ed.).
164 Kawabata, *Bellezza e tristezza* (3ª ed.).
165 Carpi, *Diario di Gusen* (2ª ed.).
166 Perodi, *Fiabe fantastiche* (2ª ed.).
167 *La scultura raccontata da Rudolf Wittkower* (3ª ed.).
168 N. Ginzburg, *Cinque romanzi brevi* (6ª ed.).
169 Leopardi, *Canti* (5ª ed.).
170 Fellini, *Fare un film* (2ª ed.).
171 Pirandello, *Novelle* (3ª ed.).
172 Publio Ovidio Nasone, *Metamorfosi* (6ª ed.).
173 *Il sogno della Camera Rossa. Romanzo cinese del secolo XVIII* (3ª ed.).
174 Dostoevskij, *I demoni* (8ª ed.).
175 Yourcenar, *Il Tempo, grande scultore* (4ª ed.).
176 Vassalli, *Marco e Mattio* (6ª ed.).
177 Barthes, *Miti d'oggi* (4ª ed.).
178 Hoffmann, *Racconti notturni* (3ª ed.).
179 Fenoglio, *Il partigiano Johnny* (7ª ed.).

180 Ishiguro, *Quel che resta del giorno* (13ª ed.).
181 Cervantes, *Don Chisciotte della Mancia* (2 voll.) (7ª ed.).
182 O'Connor, *Il cielo è dei violenti* (2ª ed.).
183 Gambetta, *La mafia siciliana*.
184 Brecht, *Leben des Galilei* (Serie bilingue) (7ª ed.).
185 Melville, *Bartleby, the Scrivener* (Serie bilingue) (3ª ed.).
186 Vercors, *Le silence de la mer* (Serie bilingue) (3ª ed.).
187 «*Una frase, un rigo appena*». *Racconti brevi e brevissimi*.
188 Queneau, *Zazie nel metró* (8ª ed.).
189 Tournier, *Venerdí o il limbo del Pacifico* (2ª ed.).
190 Viganò, *L'Agnese va a morire* (6ª ed.).
191 Dostoevskij, *L'idiota* (9ª ed.).
192 Shakespeare, *I capolavori*. Vol. I° (2ª ed.)
193 Shakespeare, *I capolavori*. Vol. II° (2ª ed.)
194 Allen, *Come si diventa nazisti* (3ª ed.).
195 Gramsci, *Vita attraverso le lettere* (2ª ed.).
196 Gogol', *Le anime morte* (3ª ed.).
197 Wright, *Ragazzo negro* (5ª ed.).
198 Maupassant, *Racconti del crimine* (2ª ed.).
199 *Lettere di condannati a morte della Resistenza italiana* (3ª ed.).
200 Mila, *Brahms e Wagner*.
201 Renard, *Pel di Carota* (2ª ed.).
202 Beccaria, *Dei delitti e delle pene* (2ª ed.).
203 Levi P., *Il sistema periodico* (7ª ed.).
204 Ginzburg (Natalia), *La famiglia Manzoni* (5ª ed.).
205 Paumgartner, *Mozart*.
206 Adorno, *Minima moralia* (4ª ed.).
207 Zola, *Germinale* (4ª ed.).
208 Kieślowski-Piesiewicz, *Decalogo* (2ª ed.).
209 Beauvoir (de), *Memorie d'una ragazza perbene* (5ª ed.).
210 Leopardi, *Memorie e pensieri d'amore*.
211 McEwan, *Il giardino di cemento* (8ª ed.).
212 Pavese, *Racconti* (6ª ed.).
213 Sanvitale, *Madre e figlia* (3ª ed.).
214 Jovine, *Le terre del Sacramento* (3ª ed.).
215 Ben Jelloun, *Giorno di silenzio a Tangeri* (5ª ed.).
216 Volponi, *Il pianeta irritabile*.
217 Hayes, *La ragazza della Via Flaminia*.
218 Malamud, *Il commesso* (2ª ed.).
219 Defoe, *Fortune e sfortune della famosa Moll Flanders* (2ª ed.).
220 Böll, *Foto di gruppo con signora* (4ª ed.).
221 Biamonti, *Vento largo* (2ª ed.).
222 Lovercraft, *L'orrendo richiamo*.
223 Malerba, *Storiette e Storiette tascabili*.
224 Mainardi, *Lo zoo aperto*.
225 Verne, *Il giro del mondo in ottanta giorni* (2ª ed.).
226 Mastronardi, *Il maestro di Vigevano* (2ª ed.).
227 Vargas Llosa, *La zia Julia e lo scribacchino* (4ª ed.).
228 Rousseau, *Il contratto sociale* (4ª ed.).
229 Mark Twain, *Le avventure di Tom Sawyer* (2ª ed.).
230 Jung, *Il problema dell'inconscio nella psicologia moderna*.
231 Mancinelli, *Il fantasma di Mozart e altri racconti* (2ª ed.).
232 West, *Il giorno della locusta* (2ª ed.).
233 Mark Twain, *Le avventure di Huckleberry Finn* (2ª ed.).
234 Lodoli, *I principianti* (2ª ed.).
235 Voltaire, *Il secolo di Luigi XIV*.
236 Thompson, *La civiltà Maja* (4ª ed.)
237 Tolstoj, *I quattro libri di lettura* (2ª ed.).
238 Morante, *Menzogna e sortilegio* (4ª ed.)
239 Wittkower, *Principi architettonici nell'età dell'Umanesimo* (4ª ed.).
240 Somerset Maugham, *Storie di spionaggio e di finzioni*.
241 *Fiabe africane* (2ª ed.).
242 Pasolini, *Vita attraverso le lettere*.
243 Romano, *La penombra che abbiamo attraversato* (2ª ed.).
244 Della Casa, *Galateo* (2ª ed.).
245 Byatt, *Possessione. Una storia romantica* (7ª ed.).

246 Strassburg, *Tristano*.
247 Ben Jelloun, *A occhi bassi* (5ª ed.).
248 Morante, *Lo scialle andaluso* (4ª ed.).
249 Pirandello, *Uno, nessuno e centomila* (4ª ed.).
250 Soriano, *Un'ombra ben presto sarai* (5ª ed.).
251 McEwan, *Cani neri* (7ª ed.).
252 Cerami, *Un borghese piccolo piccolo* (2ª ed.).
253 Morante, *Il mondo salvato dai ragazzini e altri poemi* (3ª ed.).
254 Fallada, *Ognuno muore solo* (2ª ed.).
255 Beauvoir (de), *L'età forte* (3ª ed.).
256 Alighieri, *Rime* (2ª ed.).
257 Macchia, *Il mito di Parigi. Saggi e motivi francesi* (2ª ed.).
258 De Filippo, *Cantata dei giorni dispari I*.
259 Ben Jelloun, *L'amicizia* (6ª ed.).
260 *Lettere dei condannati a morte della Resistenza europea*.
261 Stajano, *Un eroe borghese* (3ª ed.).
262 Spinella, *Memoria della Resistenza* (2ª ed.).
263 Foscolo, *Ultime lettere di Jacopo Ortis* (4ª ed.).
264 Schliemann, *La scoperta di Troia* (3ª ed.).
265 Dostoevskij, *Umiliati e offesi* (5ª ed.).
266 Ishiguro, *Un pallido orizzonte di colline* (2ª ed.).
267 Morante, *La Storia* (7ª ed.).
268 Romano (Lalla), *Maria* (3ª ed.).
269 Levi Pisetzky, *Il costume e la moda nella società italiana*.
270 Salmon, *Il Sannio e i Sanniti* (3ª ed.).
271 Benjamin, *Angelus Novus. Saggi e frammenti* (5ª ed.).
272 Bolis, *Il mio granello di sabbia* (2ª ed.).
273 Matthiae, *Ebla. Un impero ritrovato* (2ª ed.).
274 Sanvitale, *Il figlio dell'Impero*.
275 Maupassant, *Racconti d'amore* (4ª ed.).
276 Céline, *Casse-pipe* (Serie bilingue) (2ª ed.).
277 *Racconti del sabato sera*.
278 Boiardo, *Orlando innamorato* (2 voll.)
279 Woolf, *A Room of One's Own* (Serie bilingue) (4ª ed.).
280 Hoffmann, *Il vaso d'oro*.
281 Bobbio, *Il futuro della democrazia* (2ª ed.).
282 Mancinelli, *I dodici abati di Challant. Il miracolo di santa Odilia. Gli occhi dell'imperatore* (6ª ed.).
283 Soriano, *La resa del leone* (2ª ed.).
284 De Filippo, *Cantata dei giorni dispari II*.
285 Gobetti, *La Rivoluzione Liberale* (4ª ed.).
286 Wittkower, *Palladio e il palladianesimo*.
287 Sartre, *Il muro* (5ª ed.).
288 D'Annunzio, *Versi d'amore*.
289 D'Annunzio, *Alcione*.
290 Caldwell, *La via del tabacco*.
291 Tadini, *La tempesta*.
292 Morante, *L'isola di Arturo* (7ª ed.).
293 Pirandello, *L'esclusa*.
294 Voltaire, *Dizionario filosofico* (2ª ed.).
295 Fenoglio, *Diciotto racconti*.
296 Hardy, *Tess dei d'Uberville* (3ª ed.).
297 N. Ginzburg, *Famiglia* (2ª ed.).
298 Stendhal, *La Certosa di Parma* (4ª ed.).
299 Yehoshua, *L'amante* (10ª ed.).
300 Beauvoir, *La forza delle cose*.
301 Ceram, *Civiltà sepolte* (6ª ed.).
302 Loy, *Le strade di polvere* (4ª ed.).
303 Piumini, *Lo stralisco*.
304 Rigoni, *Amore di confine* (3ª ed.).
305 Rodinson, *Maometto*.
306 Biamonti, *L'angelo di Avrigue*.
307 Antonioni, *Quel bowling sul Tevere* (2ª ed.).
308 Lodi, *Il paese sbagliato. Diario di un'esperienza didattica*.
309 Machiavelli, *Il Principe* (5ª ed.).
310 Seneca, *Dialoghi morali* (2ª ed.).
311 Dickens, *Casa Desolata* (5ª ed.).
312 Saba, *Ernesto* (3ª ed.).
313 Lawrence, *Donne innamorate*.
314 Pirro, *Celluloide*.
315 Ramondino, *Althénopis*.
316 Rodari, *I cinque libri* (5ª ed.).
317 *I Nibelunghi* (3ª ed.).
318 Bobbio, *Stato, governo, società* (2ª ed.).
319 La Fontaine, *Favole*.
320 Artusi, *La scienza in cucina e l'arte di mangiar bene*.

321 Romano (Lalla), *Una giovinezza inventata* (3ª ed.).

322 De Filippo, *Cantata dei giorni dispari III*.

323 Hilberg, *La distruzione degli Ebrei d'Europa* (2 vol.)

324 Kafka, *Il processo* (Serie Scrittori tradotti da scrittori).

325 Queneau, *I fiori blu* (Serie Scrittori tradotti da scrittori) (6ª ed.).

326 Gogol', *Racconti di Pietroburgo* (Serie Scrittori tradotti da scrittori).

327 James, *Giro di vite* (Serie Scrittori tradotti da scrittori).

328 Borges, *Finzioni* (1935-1944) (Serie Scrittori tradotti da scrittori) (7ª ed.).

329 Radiguet, *Il diavolo in corpo* (Serie Scrittori tradotti da scrittori).

330 De Felice, *Mussolini il rivoluzionario 1883-1920* (2ª ed.).

331 De Felice, *Mussolini il fascista*
I. *La conquista del potere 1921-1925* (2ª ed.).

332 De Felice, *Mussolini il fascista*
II. *L'organizzazione dello stato fascista 1925-1929*.

333 Hawthorne, *La lettera scarlatta* (7ª ed.).

334 Orengo, *Dogana d'amore*.

335 Vassalli, *Il Cigno* (2ª ed.).

336 Böll, *Vai troppo spesso a Heidelberg*.

337 Maiello, *Storia del calendario*.

338 Cesare, *La guerra gallica* (2ª ed.).

339 McEwan, *Lettera a Berlino* (3ª ed.).

340 Schneider, *Le voci del mondo* (5ª ed.).

341 De Felice, *Mussolini il duce*
I. *Gli anni del consenso 1929-1936* (2ª ed.).

342 De Felice, *Mussolini il fascista*
II. *Lo Stato totalitario 1936-1940* (2ª ed.).

343 Cervantes, *La gitanilla* (Serie bilingue).

344 Dostoevskij, *Notti bianche* (Serie bilingue) (2ª ed.).

345 N. Ginzburg, *Tutti i nostri ieri* (3ª ed.).

346 Breton, *Antologia dello humor nero*.

347 Maupassant, *Una vita* (Serie Scrittori tradotti da scrittori).

348 Pessoa, *Il marinaio* (Serie Scrittori tradotti da scrittori) (5ª ed.).

349 Stevenson, *Lo strano caso del Dr. Jekyll e del Sig. Hyde* (Serie Scrittori tradotti da scrittori).

350 London, *Il richiamo della foresta* (Serie Scrittori tradotti da scrittori).

351 Burgess, *Arancia meccanica* (9ª ed.).

352 Byatt, *Angeli e insetti* (2ª ed.).

353 Wittkower, *Nati sotto Saturno* (4ª ed.).

354 Least Heat-Moon, *Prateria. Una mappa in profondità* (2ª ed.).

355 Soriano, *Artisti, pazzi e criminali* (2ª ed.).

356 Saramago, *L'anno della morte di Ricardo Reis* (5ª ed.).

357 Le Goff, *La nascita del Purgatorio* (2ª ed.).

358 Del Giudice, *Lo stadio di Wimbledon* (2ª ed.).

359 Flaubert, *Bouvard e Pécuchet* (2ª ed.).

360 Pinter, *Teatro*. Vol. I (2ª ed.).

361 *Lettere al primo amore*.

362 Yehoshua, *Il signor Mani* (6ª ed.).

363 Goethe, *Le affinità elettive* (5ª ed.).

364 Maraini, *L'età del malessere* (8ª ed.).

365 Maugham, *Racconti dei Mari del Sud* (3ª ed.).

366 McCarthy, *Cavalli selvaggi* (4ª ed.).

367 Antonelli, Delogu, De Luca, *Fuori tutti* (Stile libero).

368 Kerouac, Dylan, Ginsberg, Burroughs, Ferlinghetti e altri, *Battuti & Beati. I Beat raccontati dai Beat* (Stile libero) (2ª ed.).

369 Norman X e Monique Z, *Norman e Monique. La storia segreta di un amore nato nel cyberspazio* (Stile libero).

370 Cerami, *Consigli a un giovane scrittore* (Stile libero) (7ª ed.).

371 Puig, *Il bacio della donna ragno* (2ª ed.).

372 Purdy, *Rose e cenere*.

373 Benjamin, *Sull'hascisch* (2ª ed.).

374 Levi (Primo), *I racconti* (4ª ed.).

375 De Carlo, *Yucatan* (6ª ed.).

376 Gandhi, *Teoria e pratica della nonviolenza*.

377 Ellis, *Meno di zero* (4ª ed.).

378 Ben Jelloun, *Lo scrivano* (3ª ed.).
379 Hugo, *Notre-Dame de Paris* (5ª ed.).
380 Bardo Thödol, *Libro dei morti tibetano* (2ª ed.).
381 Mancinelli, *I tre cavalieri del Graal* (2ª ed.).
382 Roberto Benigni, *E l'alluce fu* (Stile libero) (6ª ed.).
383 Gibson, Ferret, Cadigan, Di Filippo, Sterling, Swanwick, Rucker e altri, *Cuori elettrici. Antologia essenziale del cyberpunk* (Stile libero).
384 Cortázar, *Bestiario* (2ª ed.).
385 Frame, *Un angelo alla mia tavola* (4ª ed.).
386 L. Romano, *Le parole tra noi leggere* (4ª ed.).
387 Fenoglio, *La paga del sabato* (2ª ed.).
388 Maupassant, *Racconti di vita parigina* (2ª ed.).
389 aa.vv., *Fantasmi di Terra, Aria, Fuoco e Acqua*. A cura di Malcolm Skey.
390 Queneau, *Pierrot amico mio*.
391 Magris, *Il mito absburgico* (2ª ed.).
392 Briggs, *Fiabe popolari inglesi*.
393 Bulgakov, *Il Maestro e Margherita* (5ª ed.).
394 A. Gobetti, *Diario partigiano*.
395 De Felice, *Mussolini l'alleato 1940-43*
   I. *Dalla guerra «breve» alla guerra lunga*.
396 De Felice, *Mussolini l'alleato 1940-43*
   II. *Crisi e agonia del regime*.
397 James, *Racconti italiani*.
398 Lane, *I mercanti di Venezia* (2ª ed.).
399 McEwan, *Primo amore, ultimi riti. Fra le lenzuola e altri racconti* (3ª ed.).
400 aa.vv., *Gioventú cannibale* (Stile libero) (6ª ed.).
401 Verga, *I Malavoglia*.
402 O'Connor, *I veri credenti* (Stile libero) (3ª ed.).
403 Mutis, *La Neve dell'Ammiraglio* (2ª ed.).
404 De Carlo, *Treno di panna* (5ª ed.).
405 Mutis, *Ilona arriva con la pioggia* (2ª ed.).
406 Rigoni Stern, *Arboreto salvatico* (3ª ed.).
407 Poe, *I racconti*. Vol. I (Serie Scrittori tradotti da scrittori).
408 Poe, *I racconti*. Vol. II (Serie Scrittori tradotti da scrittori).
409 Poe, *I racconti*. Vol. III (Serie Scrittori tradotti da scrittori).
410 Pinter, *Teatro*. Vol. II (2ª ed.).
411 Grahame, *Il vento nei salici*.
412 Ghosh, *Le linee d'ombra*.
413 Vojnovič, *Vita e straordinarie avventure del soldato Ivan Čonkin*.
414 Cerami, *La lepre*.
415 Cantarella, *I monaci di Cluny* (2ª ed.).
416 Auster, *Moon Palace* (2ª ed.).
417 Antelme, *La specie umana*.
418 Yehoshua, *Cinque stagioni* (3ª ed.).
419 Mutis, *Un bel morir*.
420 Fenoglio, *La malora* (3ª ed.).
421 Gawronski, *Guida al volontariato* (Stile libero).
422 Banks, *La legge di Bone*.
423 Kafka, *Punizioni* (Serie bilingue).
424 Melville, *Benito Cereno* (Serie bilingue).
425 P. Levi, *La tregua* (8ª ed.).
426 Revelli, *Il mondo dei vinti*.
427 aa.vv., *Saggezza stellare* (Stile libero).
428 McEwan, *Cortesie per gli ospiti* (4ª ed.).
429 Grasso, *Il bastardo di Mautàna*.
430 Soriano, *Pensare con i piedi* (3ª ed.).
431 Ben Jelloun, *Le pareti della solitudine*.
432 Albertino, *Benissimo!* (Stile libero).
433 *Il libro delle preghiere* (4ª ed.).
434 Malamud, *Uomo di Kiev*.
435 Saramago, *La zattera di pietra* (4ª ed.).
436 N. Ginzburg, *La città e la casa* (2ª ed.).
437 De Carlo, *Uccelli da gabbia e da voliera* (6ª ed.).
438 Cooper, *Frisk* (Stile libero) (3ª ed.).
439 Barnes, *Una storia del mondo in 10 capitoli e ½* (2ª ed.).
440 Mo Yan, *Sorgo rosso*.
441 Catullo, *Le poesie*.
442 Rigoni Stern, *Le stagioni di Giacomo* (2ª ed.).

443 Mancinelli, *I casi del capitano Flores. Il mistero della sedia a rotelle* (2ª ed.).
444 Ammaniti, *Branchie* (Stile libero) (4ª ed.).
445 Lodoli, *Diario di un millennio che fugge*.
446 McCarthy, *Oltre il confine* (3ª ed.).
447 Gardiner, *La civiltà egizia* (2ª ed.).
448 Voltaire, *Zadig* (Serie bilingue).
449 Poe, *The Fall of the House of Usher and other Tales* (Serie bilingue).
450 Arena, Decaro, Troisi, *La smorfia* (Stile libero).
451 Rosselli, *Socialismo liberale*.
452 Byatt, *Tre storie fantastiche*.
453 Dostoevskij, *L'adolescente*.
454 Carver, *Il mestiere di scrivere* (Stile libero) (3ª ed.).
455 Ellis, *Le regole dell'attrazione* (2ª ed.).
456 Loy, *La bicicletta*.
457 Lucarelli, *Almost Blue* (Stile libero) (8ª ed.).
458 Pavese, *Il diavolo sulle colline* (2ª ed.).
459 Hume, *Dialoghi sulla religione naturale*.
460 *Le mille e una notte*. Edizione a cura di Francesco Gabrieli (4 volumi in cofanetto).
461 Arguedas, *I fiumi profondi*.
462 Queneau, *La domenica della vita*.
463 Leonzio, *Il volo magico*.
464 Pazienza, *Paz* (Stile libero) (5ª ed.).
465 Musil, *L'uomo senza qualità* (2 v.) (3ª ed.).
466 Dick, *Cronache del dopobomba* (Vertigo).
467 Royle, *Smembramenti* (Vertigo).
468 Skipp-Spector, *In fondo al tunnel* (Vertigo).
469 McDonald, *Forbici vince carta vince pietra* (Vertigo).
470 Maupassant, *Racconti di vita militare*.
471 P. Levi, *La ricerca delle radici*.
472 Davidson, *La civiltà africana*.
473 Duras, *Il pomeriggio del signor Andesmas. Alle dieci e mezzo di sera, d'estate*.
474 Vargas Llosa, *La Casa Verde*.
475 Grass, *La Ratta*.
476 Yu Hua, *Torture* (Stile libero).
477 Vinci, *Dei bambini non si sa niente* (Stile libero) (4ª ed.).
478 Bobbio, *L'età dei diritti*.
479 Cortázar, *Storie di cronopios e di famas*.
480 Revelli, *Il disperso di Marburg*.
481 Faulkner, *L'urlo e il furore*.
482 McCoy, *Un bacio e addio* (Vertigo).
483 Cerami, *Fattacci* (Stile libero).
484 Dickens, *Da leggersi all'imbrunire* (2ª ed.).
485 Auster, *L'invenzione della solitudine* (2ª ed.).
486 Nove, *Puerto Plata Market* (Stile libero) (3ª ed.).
487 Fo, *Mistero buffo* (Stile libero) (3ª ed.).
488 Höss, *Comandante ad Auschwitz* (3ª ed.).
489 Amado, *Terre del finimondo* (2ª ed.).
490 Benigni-Cerami, *La vita è bella* (Stile libero) (3ª ed.).
491 *Lunario dei giorni di quiete*. A cura di Guido Davico Bonino (3ª ed.).
492 Fo, *Manuale minimo dell'attore* (Stile libero).
493 O'Connor, *Cowboys & Indians* (Stile libero).
494 *L'agenda di Mr Bean* (Stile libero).
495 P. Levi, *L'altrui mestiere*.
496 Manchette, *Posizione di tiro* (Vertigo).
497 Rucher, *Su e giú per lo spazio* (Vertigo).
498 Vargas Llosa, *La città e i cani*.
499 Zoderer, *L'«italiana»*.
500 Pavese, *Le poesie*.
501 Goethe, *I dolori del giovane Werther*.
502 Yehoshua, *Un divorzio tardivo* (3ª ed.).
503 Vassalli, *Cuore di pietra*.
504 Lucarelli, *Il giorno del lupo* (Stile libero) (4ª ed.).
505 *Quel che ho da dirvi. Autoritratto delle ragazze e dei ragazzi italiani*. A cura di Caliceti e Mozzi (Stile libero).

506 Dickens, *Grandi speranze*.
507 Boncinelli, *I nostri geni*.
508 Brecht, *I capolavori* (2 volumi).
509 Mancinelli, *I casi del capitano Flores. Killer presunto*.
510 Auster, *Trilogia di New York* (4ª ed.).
511 Saramago, *Cecità* (5ª ed.).
512 Dumas, *I tre moschettieri*.
513 Borges, *Elogio dell'ombra*.
514 Womak, *Futuro zero* (Vertigo).
515 Landsale, *La notte del drive-in* (Vertigo).
516 Fo, *Marino libero! Marino è innocente* (Stile libero).
517 Rigoni Stern, *Uomini, boschi e api* (2ª ed.).
518 Acitelli, *La solitudine dell'ala destra* (Stile libero).
519 Merini, *Fiore di poesia* (3ª ed.).
520 Borges, *Manuale di zoologia fantastica*.
521 Neruda, *Confesso che ho vissuto* (2ª ed.).
522 Stein, *La civiltà tibetana* (2ª ed.).
523 Albanese, Santin, Serra, Solari, *Giú al Nord* (Stile libero).
524 Ovidio, *Versi e precetti d'amore*.
525 Amado, *Cacao* (2ª ed.).
526 Queneau, *Troppo buoni con le donne*.
527 Pisón, *Strade secondarie* (Stile libero).
528 Maupassant, *Racconti di provincia*.
529 Pavese, *La bella estate* (3ª ed.).
530 Ben Jelloun, *Lo specchio delle falene*.
531 Stancanelli, *Benzina* (Stile libero) (2ª ed.).
532 Ellin, *Specchio delle mie brame* (Vertigo).
533 Marx, *Manifesto del Partito Comunista* (2ª ed.).
534 Del Giudice, *Atlante occidentale*.
535 Soriano, *Fútbol* (3ª ed.).
536 De Beauvoir, *A conti fatti*.
537 Vargas Llosa, *Lettere a un aspirante romanziere* (Stile libero).
538 aa.vv., *Schermi dell'incubo* (Vertigo).
539 Nove, *Superwoobinda* (Stile libero) (2ª ed.).
540 Revelli, *L'anello forte*.
541 Lermontov, *L'eroe del nostro tempo* (Serie bilingue).
542 Behn, *Oroonoko* (Serie bilingue).
543 McCarthy, *Meridiano di sangue*.
544 Proust, *La strada di Swann*.
545 Vassalli, *L'oro del mondo*.
546 Defoe, *Robinson Crusoe* (2ª ed.).
547 Madieri, *Verde acqua. La radura*.
548 Amis, *Treno di notte*.
549 Magnus, *Lo sconosciuto* (Stile libero) (2ª ed.).
550 aa.vv., *Acidi scozzesi* (Stile libero).
551 Romano, *Tetto murato*.
552 Frank, *Diario. Edizione integrale*. (4ª ed.).
553 Pavese, *Tra donne sole* (2ª ed.).
554 Banks, *Il dolce domani*.
555 Roncaglia, *Il jazz e il suo mondo*.
556 Turgenev, *Padri e figli*.
557 Mollica, *Romanzetto esci dal mio petto*.
558 Metraux, *Gli Inca*.
559 *Zohar. Il libro dello splendore*.
560 Auster, *Mr Vertigo*.
561 De Felice, *Mussolini l'alleato 1943-45*.
    II. *La guerra civile*.
562 Robbe-Grillet, *La gelosia*.
563 Metter, *Ritratto di un secolo*.
564 Vargas Llosa, *Conversazione nella «Catedral»*.
565 Wallace, *La ragazza con i capelli strani* (Stile libero) (3ª ed.).
566 Enzensberger, *Il mago dei numeri* (4ª ed.).
567 Roth, *Operazione Shylock*.
568 Barnes, *Amore, ecc.*
569 Zolla, *Il dio dell'ebbrezza* (Stile libero).
570 Evangelisti, *Metallo urlante* (Vertigo).
571 Manchette, *Fatale* (Vertigo).
572 De Filippo, *Cantata dei giorni pari*.

573 *Sfiga all'OK-Corral*. A cura di Stefano Bartezzaghi (Stile libero) (2ª ed.).
574 *Spettri da ridere*. A cura di Malcolm Skey.
575 Yehoshua, *Ritorno dall'India* (3ª ed.).
576 *Lunario dei giorni d'amore*. A cura di Guido Davico Bonino (2ª ed.).
577 Ricci, *Striscia la tivú* (Stile libero).
578 Ginzburg, *Le piccole virtú* (2ª ed.).
579 Hugo, *I miserabili* (2 volumi).
580 *I fioretti di san Francesco*.
581 Ovadia, *L'ebreo che ride* (Stile libero) (4ª ed.).
582 Pirro, *Soltanto un nome sui titoli di testa*.
583 Labranca, *Cialtron Hescon* (Stile libero).
584 Burton, *La morte malinconica del bambino ostrica e altre storie* (Stile libero) (3ª ed.).
585 Dickens, *Tempi difficili*.
586 *Letteratura e poesia dell'antico Egitto*. A cura di Edda Bresciani.
587 Mancinelli, *I casi del capitano Flores. Persecuzione infernale*.
588 Vinci, *In tutti i sensi come l'amore* (Stile libero) (2ª ed.).
589 Baudelaire, *I fiori del male e altre poesie* (Poesia) (2ª ed.).
590 Vacca, *Consigli a un giovane manager* (Stile libero).
591 Amado, *Sudore*.
592 Desai, *Notte e nebbia a Bombay*.
593 Fortunato, *Amore, romanzi e altre scoperte*.
594 Mattotti e Piersanti, *Stigmate* (Stile libero).
595 Keown, *Buddhismo*.
596 Solomon, *Ebraismo*.
597 Blissett, *Q* (Stile libero) (4ª ed.).
598 Solženicyn, *Una giornata di Ivan Denisovič. La casa di Matrjona. Alla stazione*.
599 Conrad, *Vittoria*.
600 Pavese, *Dialoghi con Leucò* (2ª ed.).
601 Mozzi, *Fantasmi e fughe* (Stile libero).
602 Hilberg, *La distruzione degli Ebrei d'Europa*. Nuova edizione riveduta e ampliata (2 voll.).
603 Fois, *Ferro recente*.
604 Borges-Casares, *Cronache di Bustos Domecq*.
605 Nora K. - Hösle, *Aristotele e il dinosauro. La filosofia spiegata a una ragazzina* (Stile libero) (2ª ed.).
606 Merini, *Favole Orazioni Salmi*.
607 Lane Fox, *Alessandro Magno*.
608 Stuart, *Zona di guerra* (Stile libero).
609 Márquez, *Cronaca di una morte annunciata*.
610 Hemingway, *I quarantanove racconti*.
611 Dostoesvkij, *Il giocatore*.
612 Zaimoglu, *Schiuma* (Stile libero).
613 DeLillo, *Rumore bianco* (2ª ed.).
614 Dick, *In terra ostile* (Vertigo).
615 Lucarelli, *Mistero blu* (Stile libero).
616 Nesse-Williams, *Perché ci ammaliamo* (Grandi Tascabili).
617 Lavie, *Il meraviglioso mondo del sonno* (Grandi Tascabili).
618 Naouri, *Le figlie e le loro madri* (Grandi Tascabili).
619 Boccadoro, *Musica Cœlestis* (Stile libero con CD).
620 Bevilacqua, *Beat & Be bop* (Stile libero con CD).
621 Hrabal, *Una solitudine troppo rumorosa* (2ª ed.).
622 McEwan, *L'amore fatale* (2ª ed.).
623 James, *Daisy Miller* (Serie bilingue).
624 Conrad, *Cuore di tenebra* (Serie bilingue).
625 Marìas, *Un cuore cosí bianco*.
626 Burgess, *Trilogia malese*.
627 Saramago, *Viaggio in Portogallo* (3ª ed.).

628 Romano, *Inseparabile*.
629 Ginzburg, *Lessico famigliare* (2ª ed.).
630 Bassani, *Il giardino dei Finzi-Contini*.
631 Auster, *Mr Vertigo* (2ª ed.).
632 Brautigan, *102 racconti zen* (Stile libero) (2ª ed.).
633 Goethe, *Cento poesie* (Poesia).
634 McCarthy, *Il buio fuori*.
635 Despentes, *Scopami* (Stile libero).
636 Denti, *Lasciamoli leggere*.
637 *Passione fatale*. A cura di Guido Davico Bonino (2ª ed.).
638 Roth, *Il teatro di Sabbath*.
639 Battisti, *L'orma rossa* (Vertigo).
640 Moncure March e Spiegelman, *The Wild Party* (Stile libero).
641 Šalamov, *Racconti* (2 voll.).
642 Beauvoir (de), *Una donna spezzata*.
643 San Paolo, *Le lettere*.
644 Rigoni Stern, *Sentieri sotto la neve*.
645 Borges, *Evaristo Carriego*.
646 D'Arzo, *Casa d'altri e altri racconti*.
647 Grass, *Il Rombo*.
648 Raphael, *Eyes Wide Open* (Stile libero).
649 aa.vv., *Sepolto vivo*.
650 Benigni-Cerami, *La vita è bella* (Stile libero con videocassetta).
651 Odifreddi, *Il Vangelo secondo la Scienza* (4ª ed.).
652 Ruthven, *Islām*.
653 Knott, *Induismo*.
654 De Carlo, *Due di due* (2ª ed.).
655 Bunker, *Cane mangia cane* (Stile libero).
656 Olievenstein, *Nascita della vecchiaia* (Grandi Tascabili).
657 Thomas, *Ritratto dell'artista da cucciolo*.
658 Beckett, *Le poesie* (Poesia).
659 Paolini - Ponte Di Pino, *Quaderno del Vajont* (Stile libero con videocassetta) (2ª ed.).
660 Magris, *L'anello di Clarisse*.
661 Stendhal, *Armance*.
662 Albanese, *Giú al Nord* (Stile libero con videocassetta).
663 Lodoli, *Fuori dal cinema*.
664 Melville, *Clarel*.
665 Englander, *Per alleviare insopportabili impulsi* (3ª ed.).
666 Richardson, *Che cos'è l'intelligenza* (Grandi Tascabili).
667 Wieviorka, *Auschwitz spiegato a mia figlia* (2ª ed.).
668 *Lunario di fine millennio*. A cura di Guido Davico Bonino.
669 Amado, *I padroni della terra*.
670 *Poesie di Dio*. A cura di Enzo Bianchi.
671 Wall, *Perché proviamo dolore* (Grandi Tascabili).
672 Le Goff, *San Luigi*.
673 *Mistica ebraica*. A cura di Giulio Busi ed Elena Loewenthal.
674 Byatt, *La Torre di Babele*.
675 *I libri della Bibbia*. *Esodo*.
676 *I libri della Bibbia*. *Vangelo secondo Luca*.
677 *I libri della Bibbia*. *Cantico dei Cantici*.
678 Grossman, *Vedi alla voce: amore*.
679 Lennon, *Vero amore* (Stile libero).
680 *Antologia della poesia italiana*. *Duecento*. Diretta da C. Segre e C. Ossola.
681 *Antologia della poesia italiana*. *Trecento*. Diretta da C. Segre e C. Ossola
682 Cerami-Piovani, *Canti di scena* (Stile libero con CD).
683 De Simone, *La gatta Cenerentola* (Stile libero con videocassetta) (2ª ed.).
684 Fo, *Lu Santo Jullare Françesco*. A cura di Franca Rame (Stile libero con videocassetta) (2ª ed.).
685 De André, *Parole e canzoni* (Stile libero con videocassetta).
686 Garboli, *Trenta poesie famigliari di Giovanni Pascoli*.
687 Yehoshua, *Viaggio alla fine del millennio*.

688 Fortunato, *L'arte di perdere peso*.

689 Estep, *Diario di un'idiota emotiva* (Stile libero).

690 Mollica, *Fellini. Parole e disegni* (Stile libero).

691 Gras-Rouillard-Teixidor, *L'universo fenicio*.

692 Marías, *Domani nella battaglia pensa a me*.

693 Hirigoyen, *Molestie morali* (Grandi Tascabili).

694 De Cataldo, *Teneri assassini* (Stile libero).

695 Blisset, *Totò, Peppino e la guerra psichica. Mind invaders* (Stile libero).

696 Wilde, *Il ritratto di Dorian Gray*.

697 Cantoni-Ovadia, *Ballata di fine millennio* (Stile libero con CD).

698 Desai, *In custodia*.

699 Fenoglio, *Un giorno di fuoco*.

700 Muhammad Ali, *Quando eravamo re* (Stile libero con videocassetta).

701 *Il libro di David Rubinowicz*.

702 *I libri della Bibbia. Genesi*.

703 *I libri della Bibbia. Lettera ai romani*.

704 Nori, *Bassotuba non c'è* (Stile libero).